大学生のための
論文・レポート作成法

── アカデミックライティングの基本を学ぶ ──

改訂版

井上貴翔・田代早矢人・寺山千紗都・諸岡卓真　共著

学術図書出版社

まえがき

　本書は大学生を対象に論文・レポートの作成法を解説するものである。本書の旧版は 2020 年に刊行されている。改訂版では旧版の内容を踏襲しつつ、古くなった資料やデータを新規のものに差し替えるなどの加筆修正を行った。大学で初めてレポート課題に取り組む新入生を主な読者として想定しており、レポートの作成に関する考え方やルールなどを学ぶことによって、本格的な論文作成にもつながるアカデミックライティングの基礎力を養成することを目指している。

　大学の講義や演習においてレポート課題が提示されたときにしばしば聞こえてくるのは、論文やレポートというのは何か、またそれらはどのように書いたらいいのか、という声である。確かに、高校までの授業で本格的なレポートを作成したという学生は多くはないだろう。したがって、戸惑いを感じてしまうのも当然の反応である。しかし、レポートは大学で行われる講義や演習の成果を測定するために有効な課題である。また、学生にとってもこれをまとめることによって教授内容の理解が進むというメリットがある。大学入学後、なるべく早く論文・レポートの基本を身につけ、その後の学びを充実させていってほしい。

　本書は第 1 章から順番に読み進めていく必要はない。一応のところ、前半に文章読解に関する内容を配置して、ある程度論理的な文章に慣れてからレポートの執筆に入るような流れを想定してはいる。しかし、たとえば、実際にレポートを作成しながら、つまずいた部分について適宜関連する章を読むといった形で利用してもかまわない。また、レポートの表現面に関する解説や練習問題を集めたコーナーも付しているので、こちらも参照してみてほしい。

　論文やレポートについて学ぶ際に最初に意識しておいてほしいのは、これらの文章は、自分が知っている特定の誰かに向けて書かれる文書ではないということである。現在の学生は、普段から SNS やメッセージアプリ、メールなどで大量の文字を入力し、読んでいる。それらの文章の多くは、自分が知っている人に宛てて書かれていることだろう。それらとは対照的に、論文やレポートの文章は、特定の人にだけわかるようなものであってはならない。論文やレポートは、その内容の妥当性を第三者（＝他人）が検証できるようになっていなければならないからである。この点が、普段書いている文章との大きな違いである。もちろんこれは、知り合いに宛てる文章と第三者に宛てる文章のどちらが優れているかという話ではない。媒体によって求められる文章のタイプには違いがあり、本書を通してこれまでとは違ったタイプの文書の書き方を身につけてほしいということである。

　少し先の話をすれば、論文やレポートの作成を通して身につけた論理的思考力や判断力、情報処理能力は、大学を離れてからも様々な場所で応用可能である。本書がそのような汎用的スキルを身につけるための一助となれば幸いである。

目　　次

付　　録

1 レポートとは何か

1.1 レポートとは何か

　大学の講義や演習では、レポート課題が出題されることがある。**レポートとは、自らの調査や研究、考察の結果をまとめた文書**のことである。レポートでは多くの場合、答えが一つに決まらないテーマが設定され、それについての論理的な思考の過程が評価される。その際、どのような答えを出したのかということ以外に、その答えをどのような調査をもとにして、どのように思考して導き出したのかという過程も評価の対象になる。このような課題が提示されるのは、大学が最先端の学問を追求する場であり、そこでは評価の定まっていないテーマについて研究や検証を行うことが求められるためである。

1.2 レポートの種類

　大学におけるレポートは大きく2種類に分けられる。**一つは調査報告型のレポートであり、もう一つは論証型のレポート**である。それぞれの違いを理解し、レポート課題が提示されたら、いずれの型に当てはまるのかを確認しよう。

---

① **調査報告型**
　実験や調査の結果をまとめ、客観的に提示するタイプのレポート。
　自分の意見や考察は原則として要求されない（「所感」を求められることはある）。

② **論証型**
　実験や調査の結果を踏まえて、自分の意見や考察を提示するタイプのレポート。
　過去に発表された研究にはない新規性が要求される。

レポートの種類	実際の課題の例
調査報告型	● 大学生の睡眠時間についてアンケート調査を行い、その結果を報告せよ。 ● 「プラシーボ効果」について書かれた文献を三つ調査し、その内容を報告せよ。
論証型	● 成人年齢の引き下げについて自らの意見を述べよ。 ● グローバリズムの進展について二つ以上の文献を調査し、それらの内容を踏まえて意見を述べよ。

1.3　レポートの特徴（内容面）

　レポートを作成する際に最も重要なのは、**自分が述べたことを第三者（＝他人）があとで検証できるように書くこと**である。「1.1 レポートとは何か」で述べたように、大学の研究では答えが定まっていないテーマについて追求する。そのため、提示されたアイディアや手法については、常に第三者による検証が必要になるのである。第三者が検証できるレポートにするためには、内容面において次のような条件を満たすことが求められる。

レポートの条件（内容面）	説明
客観的で適切な根拠を提示する（→ 関連：第 2, 6, 10 章）	● 事実や具体的なデータに基づいて論証を進める。事実やデータは第三者が確認可能である。一方、主観的・個人的な感覚は第三者にとっては検証不可能であり、根拠にならない。 ● 事実やデータを提示したとしても、それが誤っていた場合は説得力がなくなってしまう。
引用、参照した資料やデータの出典を明示する（→ 関連：第 6 章）	● 自分が引用、参照した資料については、すべてどこから入手した情報なのか（＝情報のソース）がわかるようにしておく必要がある。第三者がその資料にあたって検証できるようにするためである。レポートにおいては、資料提示のルールが厳密に決められているので、それを守ることが必須である。
論理的な説明を行う（→ 関連：第 2 章）	● 意見を述べる際には、客観的な事実やデータをもとにし、筋道だった説明を行わなければならない。主観的・個人的な感覚とは違い、論理的な説明はそれが妥当であるかどうか、第三者による検証が可能である。論理的な誤りや説明の飛躍がある場合、説得力を著しく欠いてしまうことになる。

練習問題 1.1　次の A〜D の文章は、「たばこの増税に賛成か反対かを述べよ」というテーマについての意見である。これらの中で第三者が検証可能な書き方になっているものには○、なっていないものには×をつけよ。また、×をつけたものについてはその理由を述べよ。

【A】（　　　）

　　たばこの増税に賛成する。筆者は街中で食事をする際には必ず禁煙の店に入ることにしている。その理由はたばこの煙の匂いが苦手だからだ。筆者と同様にたばこの煙を嫌う人は多い。たばこにかける税金を増やすことによって喫煙者が減れば、たくさんの人が嫌な思いをしないで済むようになるはずだ。よって、たばこ増税に賛成である。

【B】（　　　）

　　たばこの増税に反対する。筆者は未成年であるためたばこを吸ったことはないが、お茶や
コーヒーはよく飲む。お茶やコーヒーはたばこと同じように嗜好品の一種であるが、特別な税
金は課せられていない。もしそれらに税金がかけられたら納得できない。それと同様に、愛煙
家もたばこだけに税金が課せられることに納得がいかないだろう。よって、たばこの増税に反
対である。

【C】（　　　）

　　たばこの増税に賛成する。国立がん研究センターによれば、喫煙によって肺がん、食道がん、
胃がんなどのリスクが高まるという (1)。健康維持という観点から考えて、たばこの増税によっ
て喫煙者を減らすことには意味があると考えられる。以上より、たばこ増税に賛成である。

［注］

(1)　国立研究開発法人 国立がん研究センター『科学的根拠に基づくがん予防　第 2 版』2023 年

【D】（　　　）

　　たばこの増税に反対する。たばこ増税の目的の一つは税収を上げることだが、その目的が
達成できない恐れがあるからである。厚生労働省の調査によれば、令和元年までの 10 年間で
喫煙率は有意に減少しているという (1)。この状態でさらに増税をしても、たばこを吸う人が
減って売り上げが下がり、結果として税収が上がらないと予想される。以上より、たばこ増税
に反対である。

［注］

(1)　厚生労働省「令和元年「国民健康・栄養調査」の結果」
　　https://www.mhlw.go.jp/stf/newpage_14156.html
　　2024 年 1 月 30 日閲覧

1.4　レポートの特徴（表現面）

　レポートは表現やレイアウトの面でも一定の規格を守って作成する必要がある。これには、規格を統一することによって、読み手が情報を素早く見つけられるようにするための配慮という側面もある。

レポートの条件（表現、体裁面）	説明
アカデミックワードを用いる（→ 関連：付録 A）	● レポートでは「後述する」や「概観する」など、日常的な文書では用いない独特の言い回しを用いることがある。
定められた体裁・書式で作成する	● レポートはレイアウトや記号の使い方などの体裁が定まっている。その規格に従って文書を作成する必要がある。 ● 規格は、講義や課題によって違うことがある。担当教員の指示に従うようにしよう。

2 論証の基本

2.1 論証とは何か

　論文やレポートで自分の考えを説明する際には、なぜそのような結論に至ったのかを論証しなければならない。**論証とは、客観的な事実やデータをもとに、筋道立てて結論を導き出すこと**をいう。主観的な感覚や個人的な思い込みのみでは説得力がないと判断される。そのため、レポートを書く場合には論証の基本を理解しておく必要がある。

2.2 事実と意見

　レポートで自分の意見を提示する際には、その根拠として必ず、具体的・客観的な事実を示さなくてはならない。まずは事実と意見の違いを押さえよう。

---

① **事実**

　調査や実験、観察などによって客観的に確認できる。

　真偽（正しいか誤りか）を判断できる。

　誰でもそれを確認できる。

② **意見**

　その人の主観的な判断や考え。

　真偽（正しいか誤りか）を判断できないことがある。

　調査や実験、観察では確認できないこともある。

〔例〕

【A】	東京タワーの高さは 333 メートルである。	→	事実
【B】	東京タワーは優れたデザインの建造物である。	→	意見
【C】	北海道は広い。	→	意見
【D】	北海道は埼玉県よりも広い。	→	事実
【E】	札幌オリンピックは遠い昔の出来事である。	→	意見
【F】	札幌オリンピックは 1972 年に開催された。	→	事実

Bの「優れたデザイン」であるかどうかは主観による。Cは比較対象によって判断が変わる。Eの「遠い昔」も主観的な表現である。

練習問題2.1　次の①～⑥の文のうち、事実の記述といえるものに○をつけよ。

① 関ヶ原の戦いは西暦 1600 年に起きた合戦である。

② 富士山は最も高い山である。

③ 語彙の多い日本語は豊かな表現を可能とする言語である。

④ 日本は人口が多い国である。

⑤ 札幌市の人口は 1970 年にはじめて 100 万人を超えた。

⑥ 若者には小説よりも映画の方が好まれる。

2.3　確実な根拠をもとにする

論文やレポートでの論証では、最終的に自らの意見を提示する必要があるが、その土台には事実がなければならない。ここで気をつけなければならないのは、土台となる事実が誤っていたりあいまいなものであったりした場合、その論証全体が崩れ、説得力を失ってしまうということである。

〔論証の根拠として不適切な記述の例〕

- iPad などのタブレット端末が普及してから電子書籍の技術が開発された。
　　　　　　→　事実の誤認（実際は電子書籍技術の開発の方が先）
- 昔に比べて子どもの勉強時間が減っている。
　　　　　　→　あいまいな記述（「昔」がいつか不明）
- たばこの匂いを不快であると感じる人は多い。
　　　　　　→　あいまいな記述（「多い」と判断する基準が不明）

2.4　事実と意見のつなげ方

事実と意見を直接つなげて書いても、読み手に意図が伝わるとは限らない。両者がどのような筋道でつながるのかという説明（理由説明）を丁寧にする必要がある。

事実そのものはニュートラルな（中立的な）ものであり、そこからどのような意見を導き出すかは人それぞれである。場合によっては、同じ事実から、正反対の意見が導き出されることもあり得る。たとえば、「天気予報で今日の降水確率は 70 ％であると言っていた」という情報から、ある人は「傘を持っていくべきである」と考えるかもしれず、別の人は「傘を持っていく必要はない」

と考えるかもしれない。もちろん、どちらの意見でもかまわないのだが、注意すべきは、説明の際に事実と意見のみを述べてはならない（この二つを直結させてはならない）ということである。読み手はあなたのことを知らない第三者であり、あなたと同じ状況にあるのか、また、同じような思考をするのかどうかはわからない。したがって、読み手があなたと同じような考えを持っていない場合、事実と意見の間の飛躍が大きすぎて理解ができなくなってしまう可能性がある。先の例であれば、「天気予報で今日の降水確率は 70 ％であると言っていた」という事実を述べたあとで、「雨が降ることはほぼ確実であり、今日は屋外での活動が多いので、傘を持っていくべきである」、あるいは「雨が降る確率は高めだが、今日はほとんど屋内で過ごす予定なので、傘を持っていく必要はない」などといったように、理由の説明を挿入すべきである。**論文やレポートでの説明では常に、①事実、②理由、③意見の三つをセットにして提示する**ということを意識しよう。

2.5 反証を意識する

　論文やレポートで説得力のある論証を提示するには、**反証となる事例を無視しない**ことが大切である。人間は、自分の意見を論証しようとするとき、その意見を肯定する事例のみを重視し、否定する事例を軽視する傾向がある。これは「確証バイアス」といわれるものである。

　たとえば、「納豆を食べると健康になる」という意見を述べたい場合に、その意見を肯定する「納豆を食べたら健康になった」という事例のみに注目して論証しようとすることがある。しかし、このような事例を大量に集めたとしても、本当に「納豆を食べる」ことが「健康になる」こととつながるかどうかはわからない。なぜなら、「納豆を食べたが健康にならなかった」や「納豆を食べなかったが健康になった」などといった事例がそれ以上にあるかもしれないからである。

　したがって、「納豆を食べる」ことと「健康になる」こととの関係を論証しようとするならば、両者の組み合わせとして考えられうる四つのパターンすべて（「納豆を食べたら健康になった」「納豆を食べたが健康にならなかった」「納豆を食べなかったが健康になった」「納豆を食べなかったが健康にもならなかった」）について公平に調査・検討を行う必要がある。

　このような、仮説を否定するタイプの論証を反証といい、これを意識することが、論述の説得性を増すためには重要である。

練習問題 2.2 次の意見を論証する場合、どのようなパターンの検証が必要か考えよ。

(1) 北海道に住んでいる人は寒さに強い。
(2) スマートフォンを持っていると国語の成績が下がる。

2.6　相関関係の扱いに注意する

　論証にあたっては、相関関係と因果関係の違いを意識しておきたい。相関関係とは、二つの事象の間に何かしらの関係があることをいう。因果関係とは、相関関係のうち、二つの事象の間に原因と結果の関係が成り立つものをいう。ここでポイントになるのは、**相関関係があるからといって、必ずしも因果関係があるとは言えない**ということである。言い換えれば、相関関係は原因を説明するものではない。両者を混同してしまうと、相関関係に誤った意味づけをしてしまう危険がある。

　たとえば、仮に「雪山での遭難の頻度」と「携帯用カイロの売り上げ」との間に一方が増えるともう一方も増えるという相関関係が見つかったとしても、一足飛びに「雪山での遭難のニュースを見て心配した消費者が、カイロを買いに走ったのだ」などと考えてはいけない。雪山での遭難の頻度も携帯用カイロの売り上げも、冬になれば自然と上がる。つまり、これらの相関の背景には、季節や気温の変化という別の要因があるのである。もちろんこれは一例であり、その他にもサンプルの少なさや偏り、偶然性の混入など、相関関係を把握する上で気をつけるべき点は多々ある。

　コンピュータやインターネットに代表される情報技術が高度化し、一般化した現代においては様々なデータが手に入る。それ自体は便利なことではあるが、自らのレポートの論述に組み込む場合には、一度立ち止まって情報の信頼性や論証の妥当性をよく検討するようにしよう。

3 文章読解

3.1　先行研究調査の重要性

　論文やレポートを書く際には、必ず先行研究（同じ分野やテーマに関して、すでに発表されている論文や資料など）をチェックする必要がある。これは、過去にどのような研究が発表されたかを報告する調査報告型の論文・レポートでは当然のこと、最終的に自分の意見を述べることが目標とされる論証型の論文・レポートでも同様である。論証型の論文・レポートでは、書き手の意見を表明する必要があるが、その意見は過去の研究を踏まえている必要がある。その上で、独自の意見を述べることが求められるのである。過去の研究の進捗を把握するためにも、自分の意見がオリジナルなものであることを確認するためにも、先行研究の調査は必須なのである。

3.2　文章読解の基本

　先行研究を確認する際には、主観を交えず、書かれていることを正確に把握する力が求められる。思い込みや先入観は不要である。あくまで**客観的な情報分析に徹する**ようにしよう。そのような読み方をする上で、次のような方法をおすすめする。

文章読解のこつ

① **重要箇所に線や印をつけながら読む。**
- 自分が読みやすいようにアレンジしておく（資料が自分の所有物である場合）。
- 再読する際の効率もよくなる。

② **内容理解が難しいと感じた箇所は、表現に注目する。**
- 専門的な研究論文は一度で完全に理解できることはまれである。
- わかりにくい部分は表現面に注目して重要度を見分けるようにしよう。

　上記のこつを総合すると、正確な文章読解のためには、**表現を手がかりにしながら、本文の重要箇所を見分け、線や印をつけていく**という読み方が適切だということになる。チェックすべき重要箇所とその手がかりについては、次のチェックポイントを確認してほしい。

```
┌─ 文章読解のチェックポイント ──────────────────
│
│  ① 文章全体のテーマを説明している箇所に線を引く
│     ● 何について書こうとしているのか宣言しているところに線を引く。
│  ② 問題提起とその答えを示している箇所に線を引く
│     ● 問題提起とその答えは必ずセットになる。
│     ● 問題提起を見つけたら、それに対応する答えの部分を探し、線を引いておく。
│  ③ 用語の定義や説明を行っている箇所に線を引く
│  ④ 言い換え・繰り返しをチェックする
│     ● 強調したいこと、大切なことは何度も書かれている。
│  ⑤ 具体例をまとめている箇所を探す
│     ● 具体例があったら、そのまとめにあたる部分を探し、線を引いておく。
│  ⑥ 接続語に注目する
│     ● 基本的な接続語の役割を覚えよう（→ 次節参照）。
│     ● 「要約・換言」「順接」「逆接」の接続語の後には重要な記述が来る可能性が高い。
│  ⑦ 指示語の指示内容を埋めながら読む
│     ● 「これ」「それ」などの表現があったら、何を指しているのかメモしておく。
│  ⑧ 筆者の主張や意見、強調している部分をチェックする
│     ● 文末表現などに注目し（「〜べきである」「〜だろう」「〜と考えられる」など）筆
│       者の判断を示す表現になっている文をチェック。
│     ● 「〜は重要である」「大切なのは〜である」など、強調している表現もチェック。
│
└─────────────────────────────────────
```

3.3　接続語の種類と役割

　前節でも説明した通り、文章読解の際には接続語が便利な指標になる。接続語とは、文章や段落などの論理的なつながりを示す言葉である。基本的な接続語の種類とその役割を覚えておけば、文章読解の正確性は格段に上がる。とりわけ、「要約・換言」「順接」「逆接」の接続語の後には、重要な記述が来ることが多い。

　なお、接続語については、文章読解の際だけでなく、文章を記述する際にも正確に使えるようにしておきたい。論文・レポートにおいては、接続語を「なんとなく」使ってはならない。それぞれの接続語の役割を正確に理解し、適切な語を選択できるようになっておかなければならない。

接続語の種類と役割

① **まとめ・言い換え（要約・換言）**

つまり・すなわち・要するに・このように

② **前が理由や原因、後が当然の結果（順接）**

それゆえ・そのため・したがって・よって

③ **前の条件からは予想されない内容が後に来る（逆接）**

しかし・ところが

※ 逆接は、前で一般論を述べ、後で自説を強調する際にも用いる。その場合「もちろん……逆接」「確かに……逆接」の形を取ることが多い（これを「譲歩の構文」と呼ぶ）

④ **前後が同じ資格で並んでいる。前の内容に後の内容を付け加える（並列）**

また・しかも・さらに・加えて・並びに

第一に……第二に……

⑤ **話題転換**

ところで・さて

⑥ **前とは対照的な内容が並んでいる**

一方

⑦ **選択**

あるいは・それとも

※「あるいは」は複数の事柄を列挙する際にも用いる。

⑧ **前よりも後の方が適切なことを示す。**

むしろ

⑨ **例示（前がまとめ、後が具体例）**

たとえば

練習問題3.1　次の空欄ア〜オに当てはまる適切な接続語を考えて記せ。

【A】

　現在の大学生のほとんどは、パソコンや携帯電話、スマートフォンなどを日常的に活用している。[　ア　]、普段から情報技術を使いこなしている学生が多いのである。[　イ　]、パソコンなどを用いた講義を行う際、電源の入れ方や文字入力の仕方など、基本的な操作を教える必要はないと考えられる。

【B】

> 　腕時計を身につけない人が増えているという。原因は携帯電話やスマートフォンの普及である。これらの端末には時計の機能が備わっている。そのため、あえて腕時計を身につけずとも、時間を確認することができてしまうのである。
>
> 　［　ウ　］、腕時計がこのまま廃れていくとは思えない。［　エ　］、資格試験や入試では、携帯電話等の電子機器の使用が禁止されている場合が多い。［　オ　］、会議や打ち合わせなどで、携帯電話等を確認することがマナー違反になることもある。これらのような場合は腕時計を使うのが最も簡便である。したがって今後も、腕時計がなくなることはないだろう。

練習問題 3.2　次の文章を読み、後の問いに答えなさい。

> ① 　電子書籍とは書籍をデジタル化したものである。電子書籍の専用端末のほか、PC やタブレット端末、スマートフォンなどでも閲覧することができる。近年では紙の書籍と電子書籍が同時に発売されることも多くなった。
>
> ② 　紙の書籍と電子書籍の内容は、同一の作品であれば同じである。小説を例にすれば、紙と電子で物語や登場人物が違っているということはない。媒体（メディア）を問わず、内容（コンテンツ）は同じであるということが、ここでの前提である。
>
> ③ 　このことから、電子書籍は紙の書籍の代替品のようなものとしてイメージされることがある。しかし、電子書籍は常に紙の書籍の代わりになるのだろうか。
>
> ④ 　確かに、どちらで読んでも表示される文字列や画像は同じであり、多くの場合は代替品として把握しても問題はないかもしれない。しかし、数ある書籍のなかには、電子書籍が紙の書籍の代替になるとはいえないものもある。
>
> ⑤ 　その例として、泡坂妻夫『生者と死者』が挙げられる (1)。この作品の売りは「消える短編小説」である。本作は 15 ページごとの袋とじという特殊な体裁で出版されており、そのままの状態で読むと短編小説としての物語が展開され、袋とじを切り開いて読めば長編小説としてまったく別の物語が展開される。その際、短編小説として読んだページは長編小説の一部となって「消える」。
>
> ⑥ 　この仕掛けの前提になっているのは、ページのレイアウトが固定されていることである。そのため、ユーザー側でフォントの大きさやページごとの行数が変えられるタイプ（リフロー型）の電子書籍では再現できない。レイアウトが変動してしまうからである。一応のところ、レイアウトを固定したタイプ（フィックス型）の電子書籍であれば、ページを飛ばして表示することで読者に短編小説を読ませることはできるが、袋とじを切り開くという行為は不要となり、ページが「消える」という感覚は薄くなってしまう。つまり、本作

は紙の書籍が有する、特定のレイアウト、ページ割で固定されるという性質に強く依存した作品であり、電子書籍ではその仕掛けを再現することができない。

7　同様の特徴を持つ書籍は『生者と死者』以外にも存在する。絵本『はらぺこあおむし』(2) のように、ページに空けられた穴から別のページの一部が覗けるものや、ページを開くと複雑に折られた紙が立体的に立ち上がる仕掛け本はその典型例だろう。

8　もちろん、電子書籍にもメリットがある。たとえば、ユーザー側でフォントやその大きさを設定できたり、デジタル端末の機能を使って読み上げることができたりするのは、視力が低下した読者にとっては非常に便利である。また、書店に行かなくても購入できたり、保管するための場所を確保しなくてもよくなったりするという点も魅力だろう。電子書籍には電子書籍にしかない利点もある。

9　このように、電子書籍と紙の書籍は、それぞれに違った利点を有する別の媒体である。このことは、コンテンツが同じであっても、メディアが違えば表現や解釈が変わるということを意味する。電子書籍が紙の媒体の完全な代替品になることはない。コンテンツが変わらなかったとしても、メディアの特性に応じて様々な変化が生じることを見逃すべきではない。

(1)　泡坂妻夫『生者と死者 酩探偵ヨギ・ガンジーの透視術』新潮文庫、1994 年

(2)　エリック・カール『はらぺこあおむし』偕成社、1975 年

問 1　問題提起を行っているのは何段落か。段落の番号を記せ。

問 2　問 1 の問題提起の答えとなる最も適切な一文を抜き出せ。

問 3　この文章の中心的なテーマとして最も適切なものを、次の①〜⑤から一つ選べ。

　　① 電子書籍のメリット　　② 紙の書籍の変化　　③ 電子書籍と紙の書籍の違い

　　④ 電子書籍の二つの型　　⑤ デジタル端末の普及とコンテンツの変化

問 4　段落 5 に対する段落 6 の役割の説明として最も適切なものを、次の①〜⑤から一つ選べ。

　　① 具体例の提示　　② 同内容の言い換え　　③ 対比的な事例の提示

　　④ 対策の列挙　　⑤ 詳しい分析

問 5　段落 5〜7 に対する段落 8 の役割の説明として最も適切なものを、次の①〜⑤から一つ選べ。

　　① 具体例の提示　　② 同内容の言い換え　　③ 対比的な事例の提示

　　④ 対策の列挙　　⑤ 詳しい分析

問 6　本文の要旨（＝述べられていることの主要な内容）として最も適切なものを、次の①〜⑤から一つ選べ。

　　① 多くの場合、電子書籍は紙の書籍の代替になり得るため、今後、ほとんどすべての書籍は電子に移行する見込みである。

　　② 電子書籍は紙の書籍の代替品にはなり得ないが、それは電子書籍がスマートフォンやPC などのスクリーンを使用するために眼に対する負担が大きいためである。

③ 電子書籍が紙の媒体の完全な代替品になることはないため、コンテンツが同じでもメディアの特性に応じて様々な変化が生じることに留意すべきである。

④ 電子書籍と紙の書籍のコンテンツは同一であり、大抵の場合は同じものとして扱っても問題にはならない。

⑤ 電子書籍にはユーザー側がページのレイアウトを変更できるなど、紙の書籍にはないメリットがある。

4　要　約

4.1　要約とは何か

　要約とは、文章の要点をまとめ、元になった文章よりも短い字数で概要を述べることをいう。たとえば、2,000 字の文章の内容を 300 字でまとめ直すような場合である。

　要約のテクニックは、論文やレポートを書く際には必須となる。論文やレポートでは、先行研究（同じ分野やテーマについてすでになされた研究）を参照し、その内容をまとめたり、それらの研究と自分の研究との違い（つまり、自分の研究のオリジナリティ）を確かめたりする作業が必要になるが、その際に、他者が書いた文章の概要を端的にまとめて把握したり紹介したりすることが求められるからである。

　要約をする際のポイントは、概要はほぼ変わらないように留意しながら字数を減らすように調整することである。そのためには極力原文と同じ表現を用い、同じ順序で説明するのが望ましい。このような方法であれば、原文の論理的な構造をほぼ維持したまま字数を減らすことができる。反対に、原文と違った言葉遣いや順序で説明をすると、結果的にその意味するところが原文と食い違ってしまうことがある。そのような要約は不正な引用と判断され、場合によっては著作権侵害にあたる。

　なお、要約では他者の意見を客観的に把握することが目標となるため、自分の考えや立場について触れる必要はないということもあわせて覚えておきたい。

4.2　要約の方法

　要約と聞くと難しそうに思われるかもしれないが、前章で触れた文章読解の基本が身についていれば、ある程度までは機械的にできてしまう。特に、要約後の字数に余裕がある場合、元の文から重要箇所を抽出し、それを並べて書くだけでも一定の精度の要約ができる。もちろん、制限字数が少ない場合はさらなる本文理解や用語の言い換えなどのテクニックが必要になるが、まずはシンプルな方法での要約を身につけよう。

要約の方法

① **段落ごとに内容を把握し、重要箇所に線を引く。**

- 重要箇所の見分け方は前章「文章読解」に準拠する。
- 問題提起とその答え、用語の定義、筆者の主張が表されている部分や強調している部分、まとめの部分を見逃さない。

② **線を引いた部分を並べて書く。**

- ①でチェックした重要箇所を、本文の論理構造に従って書いていく。
  → 説明の順番や接続語などは変更しない方がよい。
- 難しいと感じたら、まずは線を引いた箇所をそのまま並べて書いてみよう。
- 本文で使われている表現はできる限り変更しない。
- 同じ内容の重複は避ける。

③ **制限字数に合わせて表現を調整する。**

- どの程度までの情報を要約に反映させるかは、制限字数によって判断する。
- 要約の制限字数が少ない場合は、本文を的確に理解し、同じ内容を短い言葉に置き換えて表現するなどの工夫が必要である。
- 一旦、字数制限を設けずに要約したものを作り、それをもう一度要約するといったように、複数回要約をするとよい。

[補足]　**具体例の扱い**

- 具体例は原則として書かなくてよい。
- ただし、論の展開上必要な場合は「〜という例がある」といった形で短くまとめて書く。
- 具体例の説明がどれほど長くても、思い切って省く（または短くする）のがポイントである。

4.3　要約の実例

例題 前章の練習問題 3.2 の本文を 300 字以内で要約せよ。

① 本文の重要箇所に線を引く。

1 　電子書籍とは書籍をデジタル化したものである。電子書籍の専用端末のほか、PC やタブレット端末、スマートフォンなどでも閲覧することができる。近年では紙の書籍と電子書籍が同時に発売されることも多くなった。

2 　紙の書籍と電子書籍の内容は、同一の作品であれば同じである。小説を例にすれば、紙

と電子で物語や登場人物が違っているということはない。媒体（メディア）を問わず、内容（コンテンツ）は同じであるということが、ここでの前提である。

③ このことから、電子書籍は紙の書籍の代替品のようなものとしてイメージされることがある。しかし、電子書籍は常に紙の書籍の代わりになるのだろうか。

④ 確かに、どちらで読んでも表示される文字列や画像は同じであり、多くの場合は代替品として把握しても問題はないかもしれない。しかし、数ある書籍のなかには、電子書籍が紙の書籍の代替になるとはいえないものもある。

⑤ その例として、泡坂妻夫『生者と死者』が挙げられる（1）。この作品の売りは「消える短編小説」である。本作は 15 ページごとの袋とじという特殊な体裁で出版されており、そのままの状態で読むと短編小説としての物語が展開され、袋とじを切り開いて読めば長編小説としてまったく別の物語が展開される。その際、短編小説として読んだページは長編小説の一部となって「消える」。

⑥ この仕掛けの前提になっているのは、ページのレイアウトが固定されていることである。そのため、ユーザー側でフォントの大きさやページごとの行数が変えられるタイプ（リフロー型）の電子書籍では再現できない。レイアウトが変動してしまうからである。一応のところ、レイアウトを固定したタイプ（フィックス型）の電子書籍であれば、ページを飛ばして表示することで読者に短編小説を読ませることはできるが、袋とじを切り開くという行為は不要となり、ページが「消える」という感覚は薄くなってしまう。つまり、本作は紙の書籍が有する、特定のレイアウト、ページ割で固定されるという性質に強く依存した作品であり、電子書籍ではその仕掛けを再現することができない。

⑦ 同様の特徴を持つ書籍は『生者と死者』以外にも存在する。絵本『はらぺこあおむし』（2）のように、ページに空けられた穴から別のページの一部が覗けるものや、ページを開くと複雑に折られた紙が立体的に立ち上がる仕掛け本はその典型例だろう。

⑧ もちろん、電子書籍にもメリットがある。たとえば、ユーザー側でフォントやその大きさを設定できたり、デジタル端末の機能を使って読み上げることができたりするのは、視力が低下した読者にとっては非常に便利である。また、書店に行かなくても購入できたり、保管するための場所を確保しなくてもよくなったりするという点も魅力だろう。電子書籍には電子書籍にしかない利点もある。

⑨ このように、電子書籍と紙の書籍は、それぞれに違った利点を有する別の媒体である。このことは、コンテンツが同じであっても、メディアが違えば表現や解釈が変わるということを意味する。電子書籍が紙の書籍の完全な代替品になることはない。コンテンツが変わらなかったとしても、メディアの特性に応じて様々な変化が生じることを見逃すべきではない。

② 線を引いた箇所を並べて書く。

　電子書籍とは書籍をデジタル化したものである。紙の書籍と電子書籍の内容は、同一の作品であれば同じである。このことから、電子書籍は紙の書籍の代替品のようなものとしてイメージされることがある。しかし、電子書籍は常に紙の書籍の代わりになるのだろうか。しかし、数ある書籍のなかには、電子書籍が紙の書籍の代替になるとはいえないものもある。つまり、本作は紙の書籍が有する、特定のレイアウト、ページ割で固定されるという性質に強く依存した作品であり、電子書籍ではその仕掛けを再現することができない。もちろん、電子書籍にもメリットがある。電子書籍には電子書籍にしかない利点もある。このように、電子書籍と紙の書籍は、それぞれに違った利点を有する別の媒体である。このことは、コンテンツが同じであっても、メディアが違えば表現や解釈が変わるということを意味する。電子書籍が紙の書籍の完全な代替品になることはない。コンテンツが変わらなかったとしても、メディアの特性に応じて様々な変化が生じることを見逃すべきではない。(443字)

③ 制限字数に合わせて表現を調整する。

　電子書籍とは書籍をデジタル化したものである。電子書籍は紙の書籍の代替品のようなものとしてイメージされるが、電子書籍は常に紙の書籍の代わりになるのだろうか。紙の書籍が有する、特定のレイアウト、ページ割で固定されるという性質に強く依存した作品は、電子書籍で再現することができない。電子書籍と紙の書籍は、それぞれに違った利点を有する別の媒体である。このことは、コンテンツが同じであっても、メディアが違えば表現や解釈が変わるということを意味する。電子書籍が紙の書籍の完全な代替品になることはない。コンテンツが変わらなかったとしても、メディアの特性に応じて様々な変化が生じることを見逃すべきではない。(295字)

応用1　さらに字数が少ない場合──上の要約を再度要約するとよい

　電子書籍は紙の書籍の代替品のようなものとしてイメージされるが、電子書籍と紙の書籍は、それぞれに違った利点を有する別の媒体である。電子書籍が紙の書籍の完全な代替品になることはない。コンテンツが変わらなかったとしても、メディアの特性に応じて様々な変化が生じることを見逃すべきではない。(140字)

| 応用 2 | 一文で要約する場合—— | 応用 1 | の要約を踏まえて、主張の中心を端的にまとめ直す |

電子書籍が紙の媒体の完全な代替品になることはないため、コンテンツが同じでもメディアの特性に応じて様々な変化が生じることを見逃すべきではない。（70字）

| 練習問題 4.1 | 次の文章を 300 字以内で要約せよ。 |

1. 人口減少が進む中で、地域社会を持続していくための一つの足がかりとなるだろう。
2. 大都市圏などに住む人が、愛着を持つ自治体に継続的に関わり続ける「関係人口」を広げる取り組みが活発化している。
3. 特定の市町村に他地域の人がつながりを持つ場合、最も直接的なのは移り住んで「定住人口」になることだ。これに対し、観光客などは「交流人口」と呼ばれる。
4. 関係人口は移住こそしないものの、一過性でなく特定の地域に関わり続ける人たちを指す。
5. 土地柄が気に入って毎年訪問したり、恒例のイベントに参加したりするようなケースが典型的だ。人口が減っても人の往来で地域が活性化した状態を、明治大学の小田切徳美教授（農政学）は「にぎやかな過疎」と表現している。
6. 島根県邑南町（おおなん）は、廃線となった旧 JR 線を生かし、町外の鉄道愛好家らの協力を得て NPO 法人が観光トロッコを運行している。千葉県匝瑳市（おおなん）では、NPO 法人が東京などで暮らす人に水田を貸し、田植えから収穫まで体験してもらう事業が展開されている。
7. 多くの自治体は移住によって人口を増やそうとしているが、苦戦している。就業や、家族の同意などのハードルが高いためだ。
8. だが、関係人口は「骨をうずめる覚悟」がなくても地域に寄与し、参加する人の暮らしの質も高める。一人が複数の自治体に関与でき、人口の争奪戦も起きにくい。定住につながる可能性もある。
9. 自治体が「ファン」を作る活動は今後も活発化していくだろう。国も、モデル事業支援などに動いている。2027 年度までに 1200 自治体が取り組むよう目標値を設定した。ただし、関係人口に明確な基準はないだけに、人数の把握や支援の方法が課題となる。
10. 市町村と積極的に関わりを持つ人を登録できる制度を法律で設けることも一案ではないか。名簿に登録した人が条例で定める一定の権利を得たり、意見聴取など行政上の意思決定に関与したりできるような仕組みを求める声もある。
11. 将来的には「住所はひとつ」という常識が変わっていくこともあり得る。関係人口を地域にどう生かしていくか、地方も巻き込んで議論を発展させてほしい。

（「社説：広がる「関係人口」　地域持続のキーワードに」『毎日新聞』2023 年 11 月 24 日朝刊、5 面）

5 文章構成の基本

5.1 論理的文章における構成とは

第1章、第2章で確認したように、レポートでは論理的な説明が求められる。そのためには、客観的に妥当な根拠（事実や具体的データ）を提示し、それに基づいた判断（抽象部）を述べる必要がある。**「事実や具体的データ」と「抽象部」の関係が第三者にわかるように文章を構成しよう。**

論理的文章の構成は建築物の構造に似ている。建築物の場合、複数の部屋が集まって一つの建物（たとえば一軒の家）を構成している。論理的文章では、多くの場合、複数の事実や具体的データが一つの考えや判断を支えているのである。

5.2 論文・レポートの構造

論文やレポートは、複数の「章」から成る。各章は、複数の「節」から成る。各節は複数の「項」から、各項は複数の「段落」から、各段落は複数の「文」から成る。各章・節・項・段落はそれ自体で完結しており、それぞれに構成が存在する。

論文・レポート	章	節	項	段落	文
	章	節	項	段落	文
	章	節	項	段落	文
	章	節	項	段落	文
	章	節	項	段落	文

※ 短いレポートでは「節」「項」を省くことがある。

5.3 一般的な文章構成の型

論理的な文章の構成は、全体のまとめ（結論）の位置によって以下の三つの型に大別できる。

頭括型（演繹型、トップダウン方式）

先に結論を述べ、その根拠となる具体的事例の説明を後で行う方法。

$$
\text{まとめ（結論）} \left\{ \begin{array}{l} \text{具体的説明 1} \\ \text{具体的説明 2} \\ \text{具体的説明 3} \end{array} \right.
$$

尾括型（後括型、帰納型、ボトムアップ方式）

論拠を詳しく述べた後で、最後に問題への答え（主張）を示す方法。

$$
\text{導入（主題の提示・問題提起）} \left\{ \begin{array}{l} \text{具体的説明 1} \\ \text{具体的説明 2} \\ \text{具体的説明 3} \end{array} \right\} \text{まとめ（結論）}
$$

双括型

最初は簡潔に、あるいは仮説の形で主張や課題への答えを述べ、次にその具体的な論拠を示した上で、最後に主張を確認する方法。読者が最も論理を理解しやすい形である。

$$
\text{まとめ（結論）} \left\{ \begin{array}{l} \text{具体的説明 1} \\ \text{具体的説明 2} \\ \text{具体的説明 3} \end{array} \right\} \text{まとめ（結論）}
$$

構成の型	特徴		模式図
頭括型	冒頭にまとめ（抽象部）を記し、その後で事実や具体的データを記す。	● 段落は頭括型で書かれることが多い。	抽象 ↓ 具体
尾括型	冒頭で文章のテーマや目的を記し、これに続けて事実や具体的データを挙げ、文章の最後にまとめ（抽象部）を記す。	● 論文やレポートは尾括型で書かれることが多い。 ● 章や節は尾括型で書かれることが多い。	テーマ・目的 ↓ 具体 ↓ 抽象
双括型	冒頭と最後でまとめ（抽象部）を記し、その間に事実や具体的データを記す。	● 段落は双括型で書かれることが多い ● 論文やレポートは双括型で書かれることが多い。 ● 章や節は双括型で書かれることが多い。	抽象 ↓ 具体 ↓ 抽象

練習問題 5.1　次の A～C の文章を読み、それぞれについて、以下の問いに答えよ。

(1) 全体のまとめを行っている段落の番号を記せ（複数解答可）。

(2) まとめを導くための具体的な説明が行われている段落の番号を記せ（複数解答可）。

(3) 構成の型を漢字 3 字で記せ。

【A】

1 優れた題名は、後の作家にとってしばしば模倣の対象になっている。

2 アガサ・クリスティーの『そして誰もいなくなった』は、夏樹静子『そして誰かいなくなった』、今邑彩『そして誰もいなくなる』など多数の小説タイトルに影響を与えた。また、映画『ブレードランナー』の原作としても有名なフィリップ・K・ディック『アンドロイドは電気羊の夢を見るか？』を意識した、東川篤哉『魔法使いは完全犯罪の夢を見るか？』という作品もある。夏目漱石『吾輩は猫である』も、赤川次郎らが参加したアンソロジー『吾輩も猫である』などの原点になっている。

【B】

1 道具は人間が使うものと考えがちであるが、道具の方がその形によって人間に使い方を示唆するという側面もある。

2 たとえば、急須には把手がついているが、お茶を入れる際には誰に説明されなくてもその把手をつかむだろう。形を見れば、そこが最もつかみやすそうであり、かつ、お湯を入れても温度が上がらないことが自然と推測されるからである。

3 また、障子を開け閉めする際に手をかける引手は、通常、縦長のへこんだ形をしており、ドアのノブのように出っ張ってはいない。この形状では、障子を前後に移動させることは難しいため、使用者は自然と障子を左右にスライドさせることになる。つまり、引手の形を見れば、誰かに「障子は左右にスライドするものだ」と教えられなくても、その使い方がわかってしまうのである。

4 このように、道具はその形状によって、使用者にその使用法を暗に伝えているのである。

【C】

1　言葉とはそもそもあいまいなものである。たとえば、色を表す言葉は有限であるから、微妙に異なる色を一つの言葉で表現せざるを得ない。人間同士で情報の共有をしたり意思を表明したりする手段として言葉が存在する以上、コミュニケーションからあいまいさを完全に排除することは不可能であると言ってよい。とはいえ、教育や研究の場ではできる限りあいまいさを排除しなければならない。このことがレポートを書く学生にとっての悩みの種となる。では、レポートを書くにあたって、あいまいな言葉とどのように向き合えばよいのか。「伝統」という言葉を例に考えてみたい。

2　「伝統」という言葉は、日常生活においては相当あいまいに使われている。「あのケーキ屋は伝統ある老舗だ」というとき、この「伝統」は日本で洋菓子が定着した明治時代以前には遡れないであろう。これに対して「あの和菓子屋は伝統ある老舗だ」というとき、この「伝統」は江戸時代以前に遡ることもありうる。高校の部活動で「わが部の伝統」などという場合は、たかだか数十年程度前にしか遡れないものもあるだろう。「伝統」は文脈に依存した言葉であり極めてあいまいな言葉ではあるが、日常生活において不都合を感じることはほとんどないと言ってよい。

3　ところが、教育や研究の場では事情が異なる。情報や意見を正確に伝えることが求められるこれらの場では、言葉のあいまいさに対する自覚が欠かせない。それゆえ、「伝統」という言葉をレポートで安易に使うと、レポート自体の評価を著しく低下させることがある。たとえば、日本では伝統的に夫婦同姓であったという表現における「伝統」とはいったい何を指しているのか。日本で夫婦同姓が制度化されたのは明治31年（1898年）であるから、事実に基づけばこの場合の伝統は120年程度のものである。それゆえ、日本が他国よりも古くから同姓であったという主張は成り立たないはずである。ところが、これらを「伝統」と表現してしまうことで、あたかも他国とは異なり、日本では古来変わらず夫婦同姓であったかのような印象を読者に与えてしまう。このような見解がレポートではなく教育の場で表明されれば、誤った「伝統」のイメージが流通することにつながる。言葉のあいまいさへの無自覚はレポートの評価を低下させるのみならず、事実とは異なる印象を与え、それを流通させる契機になりうるのである。

4　もちろん、言葉からあいまいさを完全に排除することは難しい。また、日常生活において言葉のあいまいさに対して過度に神経質になる必要もないであろう。しかし、あいまいであるからこそ、自らが用いる言葉がどのような意味をもつのかについて自覚する必要がある。レポートを書くことは、言葉のあいまいさに向き合い、安易な表現に逃げず、言葉を選択していくことでもある。言葉によって事実をゆがめてしまう可能性を自覚することが、書き手には求められる。

6 引用のルール

6.1 引用とは

　論文やレポートにおいては、すでに公表されている何らかのデータや資料、他人の主張（先行研究とも言う）などを提示、紹介することが必要不可欠となる。その目的は、自身の主張の位置づけを明確にしたり、補強材料や根拠の一つとしたり、あるいは自身の主張を組み立てる上で参考にしたりするなどである。このように、自身の文章の中で資料や他人の主張などを提示する行為を「引用」と呼ぶ。

　「引用」の方法を間違えると、それが意図的であろうとなかろうと論文やレポートとして評価に値しないものとなってしまう。なぜなら、第1章でも述べたように、論文やレポートは、第三者があとからその内容を検証できるように書かれなくてはならないが、「引用」を不適切な形で行ってしまうと、その事後的な検証が不可能になってしまうからだ。そのため、以下で示す「引用」のルールを必ず守らなくてはならない。その詳しいルールは後述するが、あらかじめポイントを述べておくならば、①「引用」箇所が、**自身ではなく他人の調査結果ないし主張であること**を明示する、②「引用」箇所が、**どこで誰によって公表されたものか**（これを「出典」と呼ぶ）を明示する、という2点となる。

　たとえば、井上純という人物による「だが、写真は単なる記録媒体や商品、暇つぶしのためのものではない。何か不可思議で非合理的なものを引き寄せるような側面を持っているのである」という文章があったとして（この章のために作成した架空の人物による架空の文章であることに注意）、それをレポート執筆時に参考にしたとしよう。このとき、実際のレポートで次の【A】や【B】のように記してしまうと、不適切となってしまう。

【A】〔悪い例〕

　私たちは多くの写真に囲まれて暮らしている。**だが、写真は単なる記録媒体や商品、暇つぶしのためのものではない。何か不可思議で非合理的なものを引き寄せるような側面を持っているのである。**実際、私たちが写真に触れるとき、そこでは言葉にすることが難しい様々な思考や感情が生じているはずだ。

【B】〔悪い例〕

　私たちは多くの写真に囲まれて暮らしている。**だが、写真は単なる記録媒体や商品、暇つぶしのためのものではない**とされ、**何か不可思議で非合理的なものを引き寄せるような側面を持**

っているのであると言われている。実際、私たちが写真に触れるとき、そこでは言葉にすることが難しい様々な思考や感情が生じているはずだ。

　【A】、【B】ともに、太字部分が引用箇所となる。だが、まず【A】に関しては、太字部分が他人の主張であるということが全く読み取れず、むしろレポート執筆者の主張であるかのように読めてしまうため、「剽窃」という悪質な盗用行為とみなされてしまう。

　一方、【B】では「～とされ」や「～と言われている」という言葉が加えられており、一見、太字部分が他人の主張であるということが示されているように思える。しかし、誰がどこでそのような主張をしているかという情報源、すなわち「出典」が明示されていないため、「引用」としては非常に不適切な形になっているのだ。では、具体的にどのようにすれば適切な「引用」となるのだろうか。以下で詳しく解説する。

6.2　引用の種類

　この項目では、ポイント①「『引用』箇所が、自身ではなく他人の調査結果ないし主張であることを明示する」について述べる。①の方法には、データや資料、他人の主張といったものを、それらが公表されたときの形のまま紹介する「直接引用」と、それらの内容を紹介する側が自分なりに要約して示す「間接引用」という2種類が存在する。なお、以下の例ではわかりやすくするために下線や波線を引いているが、実際にレポート等を書く場合は、それらは必要ないものである。

（a）　直接引用

　「直接引用」を行う際には、引用したい部分をカギ括弧"「　」"で括って提示する。先ほどの例を用いるならば、以下のように示すことで、カギ括弧で括られた箇所が他人の主張であることがはっきりと示されたことになる。

【C】

　私たちは多くの写真に囲まれて暮らしている。井上純は次のように指摘する。「**だが、写真は単なる記録媒体や商品、暇つぶしのためのものではない。何か不可思議で非合理的なものを引き寄せるような側面を持っているのである**」。実際、私たちが写真に触れるとき、そこでは言葉にすることが難しい様々な思考や感情が生じているはずだ。

　あるいは、引用したい部分が長い場合は、次のような方法を採ることもある。

【D】

　私たちは多くの写真に囲まれて暮らしている。井上純は次のように指摘する。

　　だが、写真は単なる記録媒体や商品、暇つぶしのためのものではない。何か不可

> **思議で非合理的なものを引き寄せるような側面を持っているのである。**
>
> 　実際、私たちが写真に触れるとき、そこでは言葉にすることが難しい様々な思考や感情が生じているはずだ。

　やはり太字部分が引用箇所となるが、本文と引用した箇所の前後を 1 行あけ、引用箇所の行頭を 2 文字分下げてレイアウトすることで、カギ括弧で括るのと同様に、どこからどこまでが引用箇所なのかを明示したことになる。

　ただしいずれの場合も、元の情報が誰（どういう機関、団体など）によって公表されたものなのかを、下線部のような形で引用箇所の前か後に記しておくことが望ましい。また、「直接引用」の際は、引用部分を原文から一字たりとも変更してはいけない。

（b）　間接引用

　「間接引用」とは、引用したい部分を引用する側が自らの言葉で要約して示す方法である。この場合、「直接引用」のようにカギ括弧などを用いて示す必要はないが、内容を正確に要約することが必須である。また「直接引用」と同様、誰（どういう機関、団体など）による情報なのかを明らかにして示す必要もある。例示すれば、以下のようになる。波線部が要約した部分、下線部が誰による情報かを示した部分である。

【E】

> 　私たちは多くの写真に囲まれて暮らしている。<u>井上純は、</u>**写真は単なる記録媒体などではなく、不可思議で非合理的なものを引き寄せる側面を持つ** <u>と指摘している</u>。実際、私たちが写真に触れるとき、そこでは言葉にすることが難しい様々な思考や感情が生じているはずだ。

6.3　孫引き

　ここで「孫引き」と呼ばれる行為についても説明しておこう。これはわかりやすく言い換えるならば「引用の引用」とでも呼ぶものであり、やむを得ない場合を除いて、行うべきではない行為となる。たとえば、ここまで例に用いてきた井上純の書籍を読んでいるときに、以下のような記述に出会ったと仮定しよう。

> 　だが、写真は単なる記録媒体や商品、暇つぶしのためのものではない。何か不可思議で非合理的なものを引き寄せるような側面を持っているのである。
>
> 　実際、写真という技術が発明されて以来、人類は写真にとり憑かれてきたといっても過言ではない。1950 年代から写真家として活躍していた野村裕子は、「ヒトは、カメラを使う生き物

なのではない。ヒトは、カメラになる生き物なのだ」という印象的な言葉を自伝に書きつけている（野村、1952）。まずは、写真という技術を人類がどのように受け止めてきたのかについて、確認してみよう。

　ここで井上が紹介している野村裕子という人物の言葉を、自身のレポートでも引用したいと考えたとする。だが、その際に野村の言葉を井上の書籍から引用するという形（これが「孫引き」と呼ばれる行為となる）をとってはいけない。必ず、野村がその言葉を記している自伝そのものを参照し、そこから引用する必要があるのだ。

　ただし、そのもともとの文献や資料などがそもそも入手困難という場合もある。たとえば、歴史的に非常に貴重な資料のため、一般的な閲覧が禁止されているものなどが考えられる。こうした場合はやむを得ないため、そうした事情について注などで触れたうえで孫引きを行うことがある。

6.4　出典の記し方

　ここでは、ポイント②の「出典」をどのように示すかについて説明する。まず「出典」として示すべき情報は、引用元の種類によって異なるため、以下の表を参考にしてほしい。

種類	「出典」として示すべき情報
書籍	著者『書籍名』訳者、出版社、出版年、引用頁 ※ 引用頁については、たとえば引用した箇所が 35 頁をもとにしたものであれば「p.35」と、124 頁から 129 頁をもとにしたものであれば「pp.124-129」と表記する。後者を「pp.124-9」と表記する場合もあるが、どちらを使うべきかは担当教員等に確認しておこう
雑誌に記載の記事・論文	著者「記事・論文名」訳者、『雑誌名』巻号数、刊行年月、掲載頁（論文がその雑誌の何頁から何頁にかけて掲載されているか）
書籍に記載の記事・論文	著者「記事・論文名」訳者、書籍の編集者名『書籍名』出版社、出版年、掲載頁（論文がその本の何頁から何頁にかけて掲載されているか）
新聞記事	「記事見出し」、『新聞名』発行年月日（朝刊か夕刊か）
インターネット上の情報	著者「記事タイトル」、URL、アクセスした日付

　なお、いずれの種類についても、著者が 3 人までの場合は全員の名前を記す必要がある（著者名の間には中黒「・」を入れるとよい）が、4 人以上の場合は最初の一人の名前に「他」とつけるだけでよい。また、新聞記事や Web 上の情報では著者名や機関名などがはっきりとわからないことも多いが、その際は著者名を示す必要はない。

　また、電子化された論文の「出典」に関しても注意が必要である。近年、雑誌などの紙媒体だ

けでなく、電子化されていてインターネット上で入手もしくは閲覧が可能な論文が増えているが、これらの「出典」として示すべき情報は、基本的に紙媒体のそれである。つまりインターネット上の情報であっても、同じものが紙媒体で発表されている場合は、そちらの「出典」を示すべきということだ。ただし、なかには紙媒体では刊行されていない雑誌や論文も存在する。その場合は、上記の表でいう「インターネット上の情報」となるため、URL などを示すことになる。

　次に、これらの情報をどのように示すかだが、大きく二つの方法（(a) バンクーバー方式、(b) ハーバード方式）が存在する。レポート内で統一されていれば、いずれを用いてもかまわない（ただし学問領域や分野によって、そのスタンダードは異なっている。また、前ページの表に示しておいた情報の書き方や示し方についても、実は同じことが言える（たとえば、書籍名を二重カギ括弧をつけずに示すなど）。こうした点については、レポートを書く前に担当教員等に確認しておくとよいだろう）。この章で例として用いている井上純による文章が、彼が写実社から 2018 年に出版した『日本文化と写真　近代の裏面』という書籍の 35 頁に記されていたものだとして（もちろんこの書籍も架空のものである）、以下でより詳しく説明していこう。なお、書籍や雑誌に関するこうした情報は、それぞれの最後辺りに必ず付されている「奥付（おくづけ）」というページを参考にするとよい。

(a)　　バンクーバー方式

　「バンクーバー方式」とは、引用箇所の直後に「注番号」を記した上で、レポートの末尾に、あるいはページごとに「注」の欄を設け、そこで「出典」を示す方法を指す。ちなみに、レポート末尾に設けられる注を「文末脚注」、ページごとに設けられる注を「脚注」と呼ぶ。

　　私たちは多くの写真に囲まれて暮らしている。井上純は、写真は単なる記録媒体などではなく、不可思議で非合理的なものを引き寄せる側面を持つと指摘している **(3)**。実際、私たちが写真に触れるとき、そこでは言葉にすることが難しい様々な思考や感情が生じているはずだ。
　～～～レポート本文終了

　(2) ……
　(3) 井上純『日本文化と写真　近代の裏面』写実社、2018 年、p.35
　(4) ～～

　上記のようにレポート本文中に注番号を付した上で、レポート本文がすべて終了した後に注の欄を設け、注番号順に「出典」を示していく。なお、注をつける場合は、文書作成用のソフトやアプリケーションに備わっている注機能を用いると便利である。

(b)　　ハーバード方式

　「ハーバード方式」とは、引用箇所の直後に、「出典」のうち、著者名と発表年（ページ数があればそれも示すことがある）のみを記した上で、レポートの末尾に参考文献リストを設けて、詳しい「出典」を示す方法を指す。

私たちは多くの写真に囲まれて暮らしている。井上純は、写真は単なる記録媒体などではなく、不可思議で非合理的なものを引き寄せる側面を持つと指摘している**（井上、2018、p.35）**。実際、私たちが写真に触れるとき、そこでは言葉にすることが難しい様々な思考や感情が生じているはずだ。〜〜〜レポート本文終了

〈参考文献リスト〉

井上純 (2018)『日本文化と写真　近代の裏面』写実社

小林竜蔵 (2009)「……」〜〜

坂上清彦 (2005)『〜〜

本文では上記のようにし、レポート末尾に参考文献リストを示しておくことで、読者は「出典」が何かを確認することができるようになる。参考文献リストは著者名の五十音順もしくはアルファベット順で示す。なお、本文を「井上純 (2018) は、写真は単なる〜」と表記する方法もある。

6.5　その他

最後に、補足しておくべきいくつかの点について触れておきたい。

まず、直接引用の際に生じる問題が 2 点ほど存在する。その一つ目は、直接引用したい箇所に誤字脱字などの何らかのミスが含まれているような場合だ。たとえば、ある書籍に記された「その調査よると、先ほどの大学では全学生の約 8 割がレポートに苦手意識を持っている」という一文を直接引用すると仮定しよう。当然ながら、冒頭にある「調査よると」は、正しくは「調査によると」となるはずだ。このとき間接引用をするのであれば、引用する側で要約することになるため、文字（この場合、「に」）を補いつつ要約してもかまわない。だが直接引用の場合、元の文章から一字一句変更しないため、たとえ単純な間違いであったとしても引用する側が勝手に文字を補ったり訂正したりということは行わない。ルビを使って「原文ママ」という言葉を記し、原文がもともとこのようになっていたのであり、引用する側が間違ったわけではないということを示しておくのだ。具体的には「調査よると」、というような形になる。なお注番号を付し、注で「原文ママ」と触れることもあるが、多くの場合ルビを用いる。

あわせて二つ目の、引用する側が引用箇所に説明を付け加える場合についても述べておこう。やはり上述の「その調査よると、先ほどの大学では全学生の約 8 割がレポートに苦手意識を持っている」という一文を直接引用したいと仮定する。しかしこの一文のみ引用した場合、文中の「先ほどの大学」が、どこの何という大学を指しているかがわからないままになってしまう可能性がある。引用する直前にどこの大学かを説明しておくという形を取ることもできるが、一方で次のような形を取ることもできる。「〜〜〜、先ほどの大学**（札幌文化総合大学のこと———引用者注）**では全学生の〜〜〜」、このように説明を加えたい部分の直後に、（　）を用いて説明を補い、さら

に「——引用者注」という言葉を挿入することで、直接引用に説明を付加することが可能となる。

　次に、バンクーバー方式を用いた際に複数回、同じ文献を示す場合、どのように行うのかについて述べる。これについては、以下のようにするとよい。

【F】

(1) 井上純『日本文化と写真　近代の裏面』写実社、2018 年、p.35
(2) 同上、pp.43-48

【G】

(1) 井上純『日本文化と写真　近代の裏面』写実社、2018 年、p.35
(2) 野村裕子『撮りも撮ったり半世紀』フォト出版、1972 年、p.137
(3) 注 1 前掲、pp.43-48

　まず、注で同じ文献が連続する場合は【F】のように「同上」と記したうえで、ページ数も必要であれば示しておく。一方、注が連続していない場合は【G】のように、どの注と同じ文献なのかということを明示しておこう。

　最後は、ハーバード方式に関する補足情報となる。すでに説明したようにこの方式では、（井上、2018）のように著者名と発表年を本文中に示すことになる。だが場合によっては、同じ著者が同じ年に複数の著書や論文を発表しており、そのいずれについても触れなければならないということも出てくるだろう。その場合、単に著者名と発表年だけ示したのでは、同じ年に発表されたどの文献なのかが判別不可能になってしまう。ではどのようにするべきか。以下では、井上純が 2018 年に、これまで用いてきた『日本文化と写真　近代の裏面』という書籍と、「写真と言語の関係」という雑誌掲載論文の二つを発表していたとする。まず、レポート末尾にある参考文献リストの該当部分を次のように示す。

井上純 (2018a)『日本文化と写真　近代の裏面』写実社
井上純 (2018b)「写真と言語の関係」『フォトグラフィズム』第 3 巻第 10 号、pp.58-77

　あるいは次のような形でもかまわない。

井上純『日本文化と写真　近代の裏面』写実社、2018a
井上純「写真と言語の関係」『フォトグラフィズム』第 3 巻第 10 号、2018b、pp.58-77

　このようにしておき、本文中で言及する際には（井上、2018b）のように示しておく。これで同じ年に発表された同じ著者による文献であっても、区別がつくようになるだろう。

練習問題 6.1 以下の文章には、引用や出典の示し方に関する誤りがいくつか存在する。適切な形に修正しなさい（なお、斜体部分が山中の論文を要約して紹介した箇所と考えること。今回解答する際や実際にレポートで引用を行う際には、斜体にする必要はない）。

ここ最近、統計学への注目が目立つが、そのことに警鐘を鳴らす人物もいるようだ。山中明子はある雑誌の第 3 巻第 5 号、31 ページから 38 ページに掲載された論文において、*統計学のなかには大量のサンプルから平均を抽出することで何らかの傾向を見出そうとするものがある。しかし、その多くは無意味な作業に過ぎない。このままでは統計学という学問分野全体の信用が失われると警告している* (1)。確かに、多くの人々は統計学という手法を持ち出されると、どこか無条件に信じてしまいかねない。

(1) 山中明子「統計学の流行と危機」『統計学雑誌』数字社、2018 年

練習問題 6.2 以下の文章について、① 「バンクーバー方式」、② 「ハーバード方式」を用いて、それぞれ書き改めなさい。

大学においては、多くレポートという形で、自身の主張を述べたり調査結果をまとめたりすることが求められる。しかし、鈴木太一は自身の書籍、『レポートとは何か？　一から学ぶレポート・マニュアル』（なお、この本は 2012 年に人文出版社から出版されている）の 5 ページで、「学生の大半はレポートをどのように書くべきかについて学ぶ機会がない」と指摘している。また、2015 年に『大学教育年報』という雑誌の第 19 巻第 8 号（27 ページから 41 ページ）に掲載された佐藤理子の論文、「大学教育の今後」では、鈴木が指摘した点が、教員と学生のあいだにある認識の齟齬をさらに大きくしていると論じられていた。大学におけるレポート教育という問題は、今後ますます重要となってくるに違いない。

7 段落（パラグラフ）

7.1 レポートにおける段落とは

　第5章で確認したように、レポートは複数の段落からなる。**レポートにおける段落はそれ自体で内容が完結しており、構成が明確なものでなければならない。**この点で、小説などの文学的文章における段落とは性質が異なる面がある。このため、論文やレポートなどの論理的文章における段落を特に**パラグラフ**と呼ぶことがある。

7.2 段落の構成

段落を作成する際には以下のルールを守らねばならない。

- **一つの話題は一つの段落で述べなければならない**（一つの段落で複数の話題を扱ってはならない）。
- **段落の中心的な内容と関係のない文を書いてはならない。**

さらに、段落は原則として以下の順序で書かれなければならない。

① **冒頭に段落を要約した一文を置く** ―― **中心文**（トピックセンテンス）
〔例〕

「伝統」という言葉は、日常生活においては相当あいまいに使われている。

↓

② ①**の内容を説明する文や①の根拠となる文章**（引用・データなど）**を書き、①を支える** ―― **支持文**（サポーティングセンテンス）
〔例〕

「あのケーキ屋は伝統ある老舗だ」というとき、この「伝統」は日本で洋菓子が定着した明治時代以前には遡れないであろう。これに対して「あの和菓子屋は伝統ある老舗だ」というとき、この「伝統」は江戸時代以前に遡ることもありうる。高校の部活動で「わが部の伝統」などという場合は、たかだか数十年程度前にしか遡れないものもあるだろう。

↓

③　②を要約し、①で提示した段落の要点を再度確認する —— **まとめ文**（コンクルーディングセンテンス）

〔例〕

「伝統」は文脈に依存した言葉であり極めてあいまいな言葉ではあるが、日常生活において不都合を感じることはほとんどないと言ってよい。

※ 短い段落の場合、③のまとめ文は省略されることがある。

以上のように、段落は「中心文」「支持文」「まとめ文」の三部からなり、〈要約（抽象）→ 説明・根拠（具体）→ 要約（まとめ）〉という形をとる。これは、第5章で紹介した「双括型」の構成法である。

〔「中心文」「支持文」「まとめ文」からなる段落の例〕

　「伝統」という言葉は、日常生活においては相当あいまいに使われている。「あのケーキ屋は伝統ある老舗だ」というとき、この「伝統」は日本で洋菓子が定着した明治時代以前には遡れないであろう。これに対して「あの和菓子屋は伝統ある老舗だ」というとき、この「伝統」は江戸時代以前に遡ることもありうる。高校の部活動で「わが部の伝統」などという場合は、たかだか数十年程度前にしか遡れないものもあるだろう。「伝統」は文脈に依存した言葉であり極めてあいまいな言葉ではあるが、日常生活において不都合を感じることはほとんどないと言ってよい。

「中心文」「支持文」「まとめ文」からなる段落は、以下の点から読み手にとって大変読みやすいものであるといえる。

①　冒頭に要約があるために、**読み手に対して主張が明確に伝わる。**

②　冒頭に要約があるために、**支持文で記されている事例が何を論証するために挙げられているのかが、読み手に対して明確に伝わる。**

③　最後にまとめがあるために、**事例から導かれる主張が読み手に対して明確に伝わる。**

④　最後にまとめがあるために、**続く段落との関係が読み手にとってわかりやすい。**

　これまで確認したように、段落の冒頭には段落全体を要約した一文が置かれる。このような段落を書くために重要なことがある。それは、**段落の中心的な話題と要点を明確にしてから書く**ということである。適切な段落を書くためには、書きながら次の展開を考えるのではなく、資料やデータの分析を終えて要点を明確にすることが求められる。

練習問題 7.1 以下の段落には不要な文が複数ある。その部分に下線を引きなさい。

　人は他者に依存することなく生きていくことはできない。たとえば、生きていく上で欠かせない食料品を自分で生産している人は稀であり、多くの場合は店舗で購入している。生活する上で必要な知識も教員や他人が執筆した書籍を通じて得ている。さらに、自分の身体の中のことを知ることも、ほとんどの人はできない。医療従事者の力を借りて、人は初めて自らの身体について知ることができる。医師や看護師は医療の専門家であり、専門分野についての勉強をしている。専門分野についての知識をもっている人はもっていない人を助ける必要がある。このように、他者の力に依存しているからこそ、人は生きていくことができる。

7.3　引用を含む段落

　適切な論証を行うためには、先行する研究や分析対象となる資料を引用する必要がある。それゆえ、多くの段落には引用が含まれることになる。その際に注意すべきことは、**引用から段落を始めない**ということである。引用から段落を始めると、引用部分から何を読み取ればいいのかわかりづらくなってしまう。**引用から明らかになったことや引用部分の要約を示す文を段落の冒頭に置き、中心文を明示しよう。**

　以下の三つの例はいずれも同じ資料（石田徹「私見卓見　主権者教育、大学での充実不可欠」『日本経済新聞』2017 年 4 月 12 日朝刊、26 面）の文章を資料にした段落である。悪い例と良い例の違いに注目してほしい。

〔悪い例 1〕

　石田徹は公職選挙法の改正による選挙権年齢の引き下げを機に、大学で「若者の政治参加・投票率向上プロジェクト」を正規科目に取り込み、課題解決型学習（PBL）と呼ばれる学習法で主権者教育を行った (1)。PBL とは、学生が主体的に問題を発見し、解決する能力をチームとして身につけるものである。石田らが行ったアンケートによると、この授業に参加した大学 1 年生の 70 ％超が 2016 年の参議院選挙で投票している。これは全世代の投票率 54.70 ％を大きく超えるものである。この結果から、課題解決型の主権者教育は学生の政治に対する関心を高め、投票率を上昇させるという効果があると言える。

(1) 石田徹「私見卓見　主権者教育、大学での充実不可欠」『日本経済新聞』2017 年 4 月 12 日朝刊、26 面

　〔悪い例 1〕は、引用から段落が始まっており、最後まで読まないと要点がわからない書き方になっている。そのため、引用部分のどの情報に注目すべきなのかが読み手にとってわかりづらい。**段落の冒頭に中心文を置き、要点を明示する**必要がある。

〔悪い例 2〕

　課題解決型の主権者教育にはどのような効果があるのか。石田徹は公職選挙法の改正による選挙権年齢の引き下げを機に、大学で「若者の政治参加・投票率向上プロジェクト」を正規科目に取り込み、課題解決型学習（PBL）と呼ばれる学習法で主権者教育を行った (1)。PBL とは、学生が主体的に問題を発見し、解決する能力をチームとして身につけるものである。石田らが行ったアンケートによると、この授業に参加した大学 1 年生の 70％超が 2016 年の参議院選挙で投票している。これは全世代の投票率 54.70％を大きく超えるものである。以上のような効果が課題解決型の主権者教育にはある。

(1) 石田徹「私見卓見　主権者教育、大学での充実不可欠」『日本経済新聞』2017 年 4 月 12 日朝刊、26 面

　〔悪い例 2〕は、問題提起から段落が始まっている。課題解決型の主権者教育の効果が段落の中心的なテーマであることはわかるものの、どのような効果があるのかについては、引用部分を読まないとわからない。また、最後に「以上のような効果が課題解決型の主権者教育にはある」と書かれているものの、どのような効果があるのかについては、読み手が引用部分から推測しなければならない書き方になっている。引用は主張の根拠として用いるものであり、**引用だけで説明を終えてはならない。引用部分からわかることや明らかになることを中心文とまとめ文で示す**必要がある。

〔良い例〕

　学生の政治への関心を高め投票率を上昇させる方法の一つに、課題解決型の主権者教育がある。石田徹は公職選挙法の改正による選挙権年齢の引き下げを機に、大学で「若者の政治参加・投票率向上プロジェクト」を正規科目に取り込み、課題解決型学習（PBL）と呼ばれる学習法で主権者教育を行った (1)。PBL とは、学生が主体的に問題を発見し、解決する能力をチームとして身につけるものである。石田らが行ったアンケートによると、この授業に参加した大学 1 年生の 70％超が 2016 年の参議院選挙で投票している。これは全世代の投票率 54.70％を大きく超えるものである。この結果から、学生の主体性を育てるような課題解決型の主権者教育には、学生の政治に対する関心を高め、投票率を上昇させるという効果があると言える。

(1) 石田徹「私見卓見　主権者教育、大学での充実不可欠」『日本経済新聞』2017 年 4 月 12 日朝刊、26 面

　〔良い例〕では、「学生の政治への関心を高め投票率を上昇させる方法の一つに、課題解決型の主権者教育がある。」という中心文が段落冒頭に置かれている。読み手はこの内容を知った上で引用を読むことができる。さらに、最後に「この結果から、学生の主体性を育てるような課題解決型の主権者教育には、学生の政治に対する関心を高め、投票率を上昇させるという効果があると言える。」というまとめ文があるために、引用から明らかになることを読み手が再確認できる。

8 レポートの構成

8.1 レポートの構成の基本

　レポートは「題名」「本文」「注または参考文献リスト」からなる（表紙をつける場合は表紙に題名を記す）。本文は、さらに「序論」「本論」「結論」からなる。それぞれの役割と書き方を理解する必要がある。なお、注や参考文献リストの書き方については、第6章を参考にしてほしい。

8.2 序論の役割と書き方

　序論とは、レポート全体を通じて明らかにすることを読者に対して示す部分である。どのような問題を扱うのか、なぜその問題を扱うのか、どのような方法や手順で述べるのかについて、簡潔に整理して読者に示そう。序論の分量の目安は全体の10〜20％程度である。

　具体的には以下の①〜③について整理して書きたい。

---

① なぜその問題を扱うのかについて、客観的に記す（背景の説明）

〔例〕

> 　配偶者控除とは、専業主婦世帯をはじめとする配偶者が無業の世帯への課税所得を圧縮して、所得税と個人住民税の負担を軽減する仕組みである。この仕組みに対しては、配偶者が無業の世帯と有業の世帯とで利害が対立しており、廃止すべきであるという意見と存続すべきであるという意見とがある。

② 論の目的を提示する（解明すべき問題を提示する）

〔例〕

> 　以上の背景より、本稿では配偶者控除の廃止が与える家庭への影響を踏まえて、配偶者が無業の世帯も有業の世帯も不利益を被らないようにするためにはどのような税制が必要とされるのかについて考察する。

③ 検証の方法や展開の予告を示す。

〔例〕

> 　本稿の展開は以下の通りである。2章では、配偶者控除を廃止することによるメリ

ットとデメリットについて、新聞各紙の記事を比較検討することによって考察する。3章では、配偶者控除廃止にあたって検討すべき課題について、主に低所得層が抱える問題を中心に考察する。以上を踏まえて、女性の社会進出を妨げずかつ所得による不平等のない控除のあり方について論ずる。

※③に加えて結論の予告を示す場合もある。

〔例〕

本稿の展開および結論は以下の通りである。2章では、配偶者控除を廃止することによるメリットとデメリットについて、新聞各紙の記事を比較検討することによって考察する。3章では、配偶者控除廃止にあたって検討すべき課題について、主に低所得層が抱える問題を中心に考察する。以上を踏まえて、女性の社会進出を妨げずかつ所得による不平等のない控除のあり方について考察し、〇〇の必要性を明らかにしていく。

8.3 本論の役割と書き方

　本論とは、序論で提示した問題について具体的に考察し、結論の根拠を述べる部分である。本論はレポートの核心部分ともいえるものであり、本論の説得力がレポートの評価を左右する。客観的な考察を心がけたい。本論の分量の目安は全体の 70〜80％程度である。具体的には、以下の①〜④に注意しよう。

① 複数の章に分け、章ごとに考察する

一般的なレポートでは、本論は複数の章からなる。各章にはそれぞれ目的、根拠、結論が存在する。

〔例〕

2章　少年犯罪減少の原因

3章　近年の少年犯罪の傾向

4章　今後の少年犯罪の対策と課題

② 事実に基づいて具体的かつ客観的に論証する（根拠の提示）

(a) **先行する研究、実験結果、統計資料などを明示する。その際、事実を提示するだけではなく、事実に対して分析や考察を行う。**

→ 事実から何が言えるのか、何が明らかになったのかを明示する。

〔悪い例〕

> 　A制度を導入する利点は何か。『××新聞』（○年○月×日）には……とある。また、山田 (2017) は……と指摘している。
>
> 　しかし、A制度の導入には問題もある。前出『××新聞』によれば、「……」という。また、鈴木 (2020) は……と述べている。

〔良い例〕

> 　A制度を導入する利点は○○である。たとえば、『××新聞』（○年○月×日）には……とある。また、山田 (2017) は「……」と指摘している。以上のように、A制度を導入することで○○が期待できる。
>
> 　しかし、A制度の導入には△△という問題もある。前出『××新聞』によれば、「……」という。また、鈴木 (2020) は……と述べている。このように、△△が……につながることが懸念されている。

(b) **推論を述べる際には、根拠ある妥当な推論を行う。**

〔例〕

> A国では、Bという問題に対してCという対策が行われた。その結果、Dという効果があった。　　　　　　　　　　　　　　　　　　　　　　　（事実）
>
> ↓
>
> Bという問題に対してCという対策を行うことで、Dという効果が期待できる。
> 　　　　　　　　　　　　　　　　　　　　　　　　　　　　（根拠ある推論）
>
> ↓
>
> 日本も、Bという問題を抱えている。　　　　　　　　　　　　　　　（事実）
>
> ↓
>
> 日本でもCという対策を実施することによりDという効果が期待できる。
> 　　　　　　　　　　　　　　　　　　　　　　　　　　　　（根拠ある推論）

③ **論証型のレポートでは反論を想定しつつ考察する**

　特定の問題の是非を論じるレポートや問題の解決策を論じるレポートの場合、自説に都合のよい事実ばかりを挙げて論ずると独善的な論になってしまう。自説とは異なる見解についても考察する必要がある。

〔例〕

> 親の所得に関わらず高等教育を受けられるように、給付型奨学金制度を拡充する必要がある。　　　　　　　　　　　　　　　　　　　　　　　　　　　　（主張）
>
> ↕

> 給付型奨学金制度の拡充は財政を圧迫する。　　　　　　（想定される反論）
>
> ↕
>
> 高等教育を受けた優秀な人材が増えることで、長期的には国を活性化させる。
> 　　　　　　　　　　　　　　　　　　　　　　　　　　　（再反論・対案）

④ **引用や事例の提示は必要最小限にとどめる**

引用や実例は主張に説得力を与える根拠として用いられる。その際、主張を支える情報だけを整理して記す必要がある。考察をする上で不必要な引用や実例の提示をしないように心がけよう。なお、引用の方法や出典の記し方については、第6章を参考にしてほしい。

8.4　結論の役割と書き方

　結論とは、序論で提示した問題への最終的な答えを、本論における議論をまとめる形で述べる部分である。結論の分量の目安は全体の10〜20％程度である。

　具体的には、以下の①〜④に注意しよう。

① **序論と結論の対応に注意する**

結論は序論で提示した問題への最終的な答えを示す部分である。序論で提示した問題と結論における答えがかみ合っているかチェックしよう。

② **本論における議論の概略がわかるように記す**

結論では、最終的な答えを示すだけではなく本論における議論を整理する必要がある。

〔悪い例〕

> 　以上の考察より、A制度を日本でも導入するべきである。

〔良い例〕

> 　以上の考察より、A制度には〇〇という利点があることが明らかになった。これを日本に導入することで、××問題の改善が期待できる。したがって、A制度を日本でも導入するべきである。

③ **①、②に加えて本論で解明しきれなかったことや今後の課題を記すことがある**

レポートで論じられる範囲は限られている。そのため、序論で提示した問題をすべて解決できるとは限らない。また、考察の結果として新しい問題が生まれることがある。こ

のような場合、①、②に加えて、解明しきれなかったことや今後の課題を結論で記すことがある。

〔例〕

　　小学校において A 問題対策が進まない原因としては、教員が A 問題について学ぶ機会が少ないことが挙げられる。したがって、A 問題について小学校の教員に対する研修を行う必要がある。しかし、現在の小学校の教員が A 問題の研修を受けるには、多忙な教員の時間をいかに確保するかという問題がある。この点を今後の課題とする。

④ **結論から新しい展開に移行しない**

結論では本論のまとめを行うのだから、新たな資料を提示したり新たな議論を展開したりしてはならない。

9 テーマの設定

9.1 レポート課題の把握

　大学におけるレポート課題では、教員からテーマ（主題）が提示されるのが通例であり、レポートは提示されたテーマに沿って書かれなければならない。しかし、**提示されたテーマが大まかで抽象的なものだったり範囲が広いものであったりする場合は、そのテーマをさらに自分で掘り下げ、テーマを具体的に絞って設定する**必要がある。

〔テーマを絞る必要のない例〕

> i 本学の学生の睡眠時間と学習時間の相関を調査し、その結果を報告せよ。
> ii 現在の学習指導要領における問題点や課題について述べよ。

〔テーマを絞る必要のある例〕

> iii 講義の内容に関連するテーマを自由に選び、論じよ。
> iv 愛について論じよ。
> v 「不気味の谷」現象について、自らの考察を述べよ。

　まずiiiの場合は、テーマを選択する必要があることが明白であろう。しかし、iv、vのような場合もテーマの抽象度が高く、一つのレポートのテーマとして設定しうる具体的な事柄や問題が無数に含まれている点に注意したい。たとえばivの場合なら、「愛」という概念には、自己愛、家族愛、性愛、友愛、愛着……など、様々な要素が含まれる。また、それら一つ一つの要素も、宗教や思想、文化、時代や個人によって定義や解釈が異なり、また扱う分野や対象も様々に設定しうる。vの場合も、この考え方の科学的妥当性について述べるのか、それとも、コンピュータグラフィックス、ロボット工学、人形……もしくはアナロジーとして別分野で利用するのか……と、大きな枠組みだけでも様々な設定が可能である。

　このような抽象的で大規模なテーマを具体化してテーマを絞ることをせず抽象的なまま扱おうとすると、時間や字数指定の関係上、それに含まれるうちの一部の問題しか扱えないか、もしくはそれぞれの考察が不十分なレポートになってしまう。**レポート課題を与えられたら、まず課題がどのような事柄や問題を内包しているのかを把握しよう。**その上で、**自身がレポートで何について述べるのかを具体的に絞り、テーマを決定しよう。**テーマの絞り方（＝具体的なテーマの抽出方法）について、以下で説明していこう。

9.2 先行研究の調査

　課題として示されたテーマにどのような問題が含まれるのかを知るために有効なのは、そのテーマに関連する先行研究（関連：第 3 章・第 10 章）をあらかじめ把握しておくことである。抽象的なテーマに関する先行研究を調べると、そのテーマに内包されている問題を知ることができる。また、それぞれの問題について、すでにどのような調査結果や意見が示されているのかも知ることができる。そうすれば、抽象的なテーマから自分の興味のある問題をピックアップしたり、すでに行われている調査や論考に対してさらに必要と思われる調査や考察を発見して、それを自分のレポートのテーマに設定したりすることができる。先行研究を調査し理解しておくことは、レポートのテーマを設定するうえでも不可欠なのだ。

9.3 批判的読解

　課題として示されたテーマに沿って収集した先行研究は、それぞれ客観的に読解を行い、各々の論文・書籍ごとの筆者の主張を把握しておこう（関連：第 3 章）。その際には、筆者の主張を確認した上で、さらに、「**批判的読解（クリティカル・リーディング）**」と呼ばれる読解を行っていくとよい。批判的読解とは、対象となる資料を正確に理解した上で、その資料の内容や構成などを検討し、評価したり批判したり、今後の調査・研究課題を見つけたりする読解方法を指す。具体的には、**①他の文献や資料等が示すデータと整合性が取れているか、②具体的根拠やデータの取り上げ方・まとめ方に偏り（恣意性）はないか、③調査方法に問題がないか、④具体的根拠やデータとそこから導かれている主張の間に論理的な矛盾はないか、⑤その後の同分野の研究で参照・利用されているか、**などをチェックし、その資料に信頼性がどの程度あるのか、どのような課題を内包しているのかを検討する、という作業になる。

　研究論文として発表されている文章だからといって、示されているデータや主張がすべて正しいとは限らない。また、発表当時は正しくても、時代の変化によって妥当性が損なわれているというものもあるだろう。

　ただし、これらの判断には専門的な知識が関わる場合もあるし、専門分野によって評価や判断基準が異なる場合もある。思い込みや根拠不十分な予想で否定するのではなく、あくまでも正確に読解するという前提を心がけ、判断に迷う箇所は教員の指示を仰ぐなどしよう。

練習問題9.1　以下のA、Bの文章を読み、根拠が疑わしい箇所（事実の誤認が認められる箇所や不確かな事実の使用が認められる箇所）に下線を、主張が妥当性に欠けると思われる箇所（論理が飛躍している箇所）には波線を引け。また、今後の調査や考察、研究が必要だと思われる内容も、それぞれ考えよ。

【A】

　日本人のソーシャルネットワークサービス（SNS）利用率を知るため、2022年の総務省「国内外における最新の情報通信技術の研究開発及びデジタル活用の動向に関する調査研究」(1)を調べた。すると、年代別のSNSの利用率は、20代では75.5％、30代で72.0％、40代で69.8％、50代で61.3％、60代では51.3％であることがわかった。この結果は、年代が上がるにつれSNS利用を忌避する傾向が日本人にあることを示す。したがって今後重要な課題とすべきなのは、社会的地位がある程度高い人間にとってのSNSの利用価値を高めることとなってくるだろう。

(1)　総務省「令和4年度版　情報通信白書」
　　https://www.soumu.go.jp/johotsusintokei/whitepaper/ja/r04/index.html
　　2023年12月31日閲覧

→ 必要な調査・考察・研究についても考えよ。

【B】

　現代では、医療の保障が一定の水準で行われている。健康に関する安心はかつてよりも確かなものになっているという意味では、現代は恵まれた時代であると言える。しかし、そのような恵まれた時代において、欲求不満、精神的な病、非行、犯罪はむしろ増加している。現代は医療的には恵まれているが、決して幸福な時代ではないのである。このような不幸の元凶は、我々が目先の安楽さや便利さに惑わされて、安易に制度や機械などの人為的・人工的なものに依存し、独立・自律の精神を失いつつあるという現状にあるだろう。この現状に甘んじるならば、我々の道は、精神を病むか、非行や犯罪に走るかしかない。我々は、自ら努力をして、自分自身を幸福にしていく力を徐々に失いつつあるのである。

→ 必要な調査・考察・研究についても考えよ。

9.4 具体的なテーマの決定

　レポート課題の抽象度・自由度が高い場合は、先に述べたように、それに沿った具体的なテーマに絞っていく必要がある。その場合は、**できるだけ自分の興味や関心に合うものを選択できるとよいだろう**。卒業論文や研究を見据えて、それに近いテーマや、自身が大学で研究を行う中で継続して興味・関心を持ち続けているテーマを選べば、自身の続けたい学習や研究に関する知見を、レポート課題を通じて深めることができるからだ。また、すでにその分野に関する知識をある程度持っているものをレポート課題に選択すれば、レポートのテーマを具体化したり、実際に執筆したりする際に、自身の知識を元にしてより深く調査・考察などがしやすくなるだろう。

　それでは、先行研究調査や読解を踏まえて、抽象的な課題を細分化・具体化していく手順を示そう。まずは、各先行研究が提示する問題をグループ化して整理しよう。そしてグループごとの主な主張を把握していく。そうすることで関連する研究の動向がある程度把握できるようになる。このような作業を行っていけば、自身が興味を持てるテーマや、自分が調査・考察の必要性を感じるテーマが見つかりやすくなるはずだ。

〔例〕 「スマートフォンに関して自由に論じなさい」という課題が出た場合

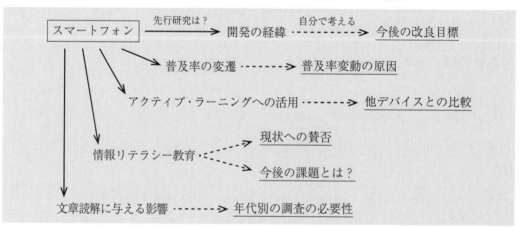

　もし先行研究を概観しても課題に対して興味や関心が持てないのであれば、自分の興味と結びつけて問題を見出す、という手段もある。上記のスマートフォンについて考えてみよう。たとえばあなたがファッションに興味があるのであれば、スマートフォンによって可能になったアパレルブランドの新しい販売形態やサービスの提供について調べ、論じることができる。あなたが読書を趣味とするのであれば、電子書籍をスマートフォンから利用する際の利点や問題点について調べてもいい。対象を自分の興味や得意分野に引き付けて考えてみよう。

9.5　テーマ決定の際の注意点

　具体的にテーマを抽出し、レポートのテーマを決定する際には、①調査や研究が現実的に行えること、②客観的な判断基準を設けられること、③新規性（オリジナリティ）があること、④一般性（＝広い範囲で役立てられる性質）があることに注意する必要がある。①は、まず形としてレポートを完成させられるか否かに関わる。②は、第三者が後に検証可能な、客観的なレポートとして成立させることに関わる。③・④は、評価の定まっていないテーマについて研究や検証を行うことが求められる大学という場にふさわしい内容となるか否かに関わってくる。

　以下にそれぞれの条件をクリアできていない例を示すので、自分の決定したテーマがこれら悪い例に当てはまっていないかどうかをチェックしよう。

練習問題 9.2　以下の A～D の四つのテーマが不適切である理由を、それぞれ考えよ。

【A】　私がネットゲーム依存から脱出するのに最善の方法とは。

【B】　自由とは何か。

【C】　死を迎える場所として幸せなのは、病院と自宅のどちらか。

【D】　睡眠不足は身体に悪影響を及ぼすのか。

10 文献調査の方法

10.1 文献調査について

　ここまでいくつかの章で触れてきたように、レポート執筆時にはテーマに沿った先行研究や関連する資料・データ・文献といった様々な情報を調査の上で入手し、参考にしなければならない。しかし、だからといってやみくもに調査をするだけでは、自分にとって本当に必要な情報に辿りつくまでに多くの時間を費やしてしまうばかりか、場合によっては辿りつけないことすら出てきてしまうだろう。効率よく必要な情報を集めるためにも、①情報源となる媒体ごとの特性を把握すること、②まずは対象となるテーマや分野の基礎的な情報収集を行うこと、という2点が重要となる。

10.2 媒体ごとの特性

　現在、情報は様々な媒体（メディア）に記されているが、情報収集の際には各媒体の特性を意識する必要がある。たとえば、昨日発生した地震の詳細を知るために書籍を探す人はいないはずだ。書籍という媒体の特性上、最新の情報を記すことが限りなく困難だからである。次ページの表を参考にそれぞれの特性を把握し、それに合わせて自分が今、必要としている情報を探す能力を身につけておこう。

　なお、ここでインターネット上の情報に関しての注意点を記しておこう。おそらく多くの学生が、レポート執筆の際に Google などの検索エンジンを用いて情報収集を行うと思われる。そのこと自体に問題があるとは言えないのだが、インターネット上には、政府や企業による公的な見解や資料、研究者が実名で記した研究結果や考察、一般の人々の個人的な感想、悪質なデマなど種々雑多な情報が散在しているため、論文やレポートへの利用が適切かどうかを利用する側が常に判断しなければならない。

　その際のポイントとして、まず「その情報の発信者が信頼できるかどうかを確認すること」が挙げられる。インターネットでは匿名や別名での情報発信が容易であり、その内容の責任の所在がはっきりしないものも多い。責任の所在があいまいということはその情報の信頼性を大きく損なうことになるため、レポート等で利用すべきでないのだ。

　次に「その情報が正確もしくは妥当なものかを確認すること」も重要である。情報が確たる根拠に基づいて示されたものなのか、発信者ではない別の人物の意見等を無断で使用していないかなどを確認した上で利用しなければならない。たとえば、オンライン百科事典として有名な Wikipedia には様々な情報が記載されているが、その中には明確な根拠が示されていない情報や

媒体の種類	特性	情報の新旧	情報量	情報の信頼性
事典・辞書	事実として確定した様々な用語の意味や概要を記したもの	旧 ↑	多 ↑	高 ↑
学術書	特に研究者に向けて、特定のテーマについて考察したもの			
一般書	一般の人に向けて、特定のテーマについて説明したもの			
学術雑誌（論文）	特に研究者に向けて、特定のテーマについて考察したもの			
一般雑誌（雑誌記事）	一般の関心が集まる事象について報道・解説したもの			
新聞	社会で起きた事象について、報道・解説したもの			
インターネット上の情報	様々な人や機関、団体が様々なことについて記したもの	↓ 新	↓ 少	↓ 低

研究領域ではすでに疑わしいとみなされている情報も含まれていることがある（もちろんそれらは、Wikipedia を編集する有志によって議論され、削除や書き換えの対象となるのだが）。以上の注意点は、インターネット上の情報に限らずすべての情報に言えることだが、インターネットという媒体の特性を鑑み、より意識して取り扱う必要がある。

　また、インターネット上の情報には出版年が明記された書籍などと異なり、いつ発信されたかが不明なものも存在する。そのため、情報やその根拠が極端に古いものでないかなども確認しておかなくてはならない。

10.3　基礎的な情報収集

　媒体ごとの特性を踏まえた上で、次に意識したいのが、基礎的な情報収集の重要性である。前述したように、世の中には様々な質の情報が溢れており、その中から有益な情報のみを選択すること自体に多くの労力が必要となってしまう。そのためにも、まずはレポートのテーマについての基礎的で包括的な情報を収集し、そこからさらに自分が興味関心を持った点について掘り下げて調査していく、という手順を取るとよい。以下では、その手順とともに、図書や論文などの文献検索の方法についても説明する。

10.4　図書館での検索

　有益な情報を効率よく集めるためには、書籍を利用することが近道である。なぜなら、書籍はその対象についての情報がまとめられているだけでなく、多くの場合、研究者などの専門家によって書かれた上で、編集者によるチェックも経ているという点で、その内容の責任の所在が明確であり、信頼できる内容である可能性は高いからだ。書籍は、自身が所属する大学の図書館、他大学の図書館、公共の図書館、書店などで探すことができるが、まずは最も身近な、所属大学の図書館を利用してみるとよい。

　図書館には蔵書を検索できるページが必ず存在し、ほとんどの場合、図書館に行かずとも、インターネットを通じて自宅などからも利用できる。そこに調査したいことに関するキーワードを入力し、書籍を探していこう。なお必要に応じて、検索対象を限定したり、類似するキーワードを用いたり、複数のキーワードを組み合わせたりするとよい。

　たとえば、「夏目漱石」で検索すると夏目漱石について書かれた書籍だけではなく、彼が発表した『明暗』のような小説もヒットしてしまう。そのようなときは検索範囲を「書籍名（タイトル）」に限定すると、後者の多くが除外される。あるいは、「夏目漱石　こころ」のようにキーワードを追加すると、『こころ』に関連する書籍のみがヒットしてくるはずだ。

　ちなみに、基礎的な情報収集のためにも、まずは関連する概要がコンパクトにまとめられている新書や入門書、概説書を探し、対象やテーマの大まかな枠組みを掴むことを意識しよう。また事典や辞書でキーワードがどのように解説されているかを調査するのもよい手段だ。

　以上のような検索をしても利用できそうなものが見つからない場合は、公共図書館や他大学の図書館で同様の作業を行ってみよう。自身の大学図書館には所蔵されていない書籍が見つかるかもしれない（なお後述する CiNii Research という検索サイトにある「CiNii Books」では、全国の大学図書館に所蔵されている書籍や雑誌を一括で検索することが可能）。そうした書籍があれば、その図書館まで実際に赴くか、所属大学の図書館カウンターに相談してみよう。全国の大学図書館は提携しており、図書館間で蔵書の貸し借りが可能なことがあるからだ（ただし郵送料などがかかる）。

10.5　芋づる式検索法

　以上のような方法でレポートに利用できそうな情報を入手していくわけだが、さらに情報を収集するときに有効な手段として「芋づる式」の検索法がある。たとえば、入門書や概説書では多くの場合、テーマや対象に関する基本的な文献や専門的な文献が紹介されている。そうした文献を利用することで、基礎的な知識やより専門的・学術的な情報が効率よく入手できるのだ。たとえそうした紹介がなくとも、入手した書籍や論文で引用ないし言及されている文献を入手し、さらにそこから別の文献へと辿っていくことで、素早くかつ確実に、信頼できる情報を収集することができる。特に、複数の文献で参照されているような文献は、そのテーマや分野における基本

的かつ重要な文献であり、チェックすべきものと言える。

$$
\text{文献 A} \left\{ \begin{array}{l} \text{文献 B} \\ \text{文献 C} \\ \text{文献 D} \end{array} \right. \left\{ \begin{array}{l} \text{文献 B} \\ \text{文献 E} \\ \text{文献 F} \\ \text{文献 G} \end{array} \right.
$$

　また、同様のことが、Wikipedia などでも可能だ。Wikipedia 内でも信頼できる情報には、ほとんどの場合、どの文献を参照したのかが記載されているため、そこから「芋づる式」に文献を収集していくことが可能となる。

　あるいは、書店や図書館の本棚を眺めるという行為も、「芋づる式」と似た側面を持っている。書店等で書籍は基本的に同じ分野やテーマで分類されているため、探している書籍の周囲にある別の書籍にも注意を向けてみよう。検索の際には見つけられなかったものに出会えるかもしれない。

10.6　論文検索

　書籍を中心に、基礎的な情報から、興味関心に基づいたより詳しい専門的な情報までを集める過程と並行して、論文の検索も行ってみるとよい。研究者が自身の専門領域について考察した論文は、その分野や対象に関する最先端の研究成果が記されており、新しい視点やこれまでの研究に含まれる問題点に気づかせてくれるはずだ。

　日本で研究雑誌に掲載された論文を検索するためには、「CiNii Research」というデータベースを利用することが多い（ただし分野によって異なることもある）。ここで、書籍の場合と同様、キーワードを利用して検索し、利用できそうな論文をリストアップしよう。このとき、新しい論文から順に見ていくようにすると、最新の動向を掴みやすくなる。

　次に、リストアップした論文の入手方法だが、近年は論文の電子化が進んでおり、「CiNii Research」の検索結果からそのまま論文が読めることも多い。その場合は論文のファイルを自身のデバイスに保存したり、印刷したりしておくとよいだろう。しかし、多くなったとはいえ、日本における論文の電子化は世界に比べるとまだまだ遅れている。インターネット上で読める論文に限定して探すのではなく、全体を対象に調査を行うべきである。電子化されていない論文が、いつ刊行された何という雑誌に掲載されているかは、「CiNii Research」の検索結果にすべて記載されている。掲載された雑誌名とその巻数および号数をメモした上で、自身が所属する大学図書館にその雑誌（の該当する巻や号）が所蔵されているかを確認し、所蔵されているならば読むか複写する。所蔵されていない場合はやはり、カウンターで相談するとよい。書籍でもそうだったように、希望した論文の複写を他の図書館から有料で郵送してもらうことが可能だ。

10.7 その他の文献検索

　これら以外にも、様々な文献が検索できるデータベースがいくつも存在する。国立国会図書館のサイト内では、国立国会図書館が所蔵する資料の検索や全国の複数のデータベースの横断検索などが可能となっている。あるいは、（すべてではないものの）世界中の学術的な著作や論文などの検索が可能な「Google Scholar」や、新聞各社が作成した新聞記事のデータベース（朝日新聞の「聞蔵 II」など）、政府や企業が公表している統計資料なども非常に役に立つ。レポートのテーマや内容に応じてどのようなデータベースがあるのか、もしくは有効なのかを教員にたずねてみるとよいだろう。

11 図表の利用

11.1 図表の役割

　表や図は、複雑な事柄や文章で表すと説明が長くなる事柄を簡潔に説明するという、大きな役割を果たす。また、先行する文献に記載された図表を読み取って自説の根拠としたり、図表をレポートの中で引用して自説の根拠としたりすることも多い。図表の適切な利用を心がけよう。

11.2 図表の読解と要約

　先行する文献に記載された図表を読み取って文章化する際には、全体的な傾向を正確に要約する必要がある。以下の①〜④に注意したい。

---

① **図表が何を表しているのかを正確に把握する**

　いつの、どのような対象（国、地域など）について、何を明らかにするためのデータなのかを確認しよう。

② **単位や数値に注意する**

　図表に記された数値の単位は何か、グラフの場合は縦軸や横軸が何を表しているのかについて、確認しよう。図表の内容を要約する際には「多い」「少ない」「増えた」「減った」というような抽象的な表現で終えず、概数でもよいので数値を示そう。

③ **細部よりも全体的な傾向や特徴に注目する**

　図表の役割は、複雑な事柄を簡潔に示すことにある。小さな変化よりも全体的な傾向や極端な差に注目しよう。

④ **主観を交えず客観的に読み取る**

　図表の内容を要約する際には、図表が表していることだけを正確に読み取って記述しよう。図表が表していること（事実）と結果から考えられること（意見）は区別する必要がある。

〔図表の要約例〕

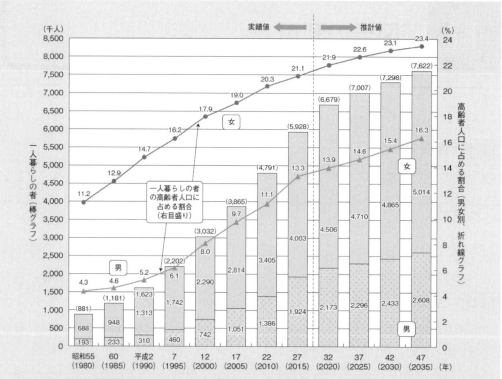

図 1　65 歳以上の一人暮らし高齢者の動向

出典：内閣府『平成 29 年版高齢社会白書』、2017 年 7 月

〔悪い例〕

　昔に比べて高齢者が増えている。

→ 「昔」がいつを指しているのか判然としない。また、図 1 は高齢者全般の増加を示したもので
　はなく、一人暮らしの高齢者の増加を示したものである。

→ 数値が一切示されていないため、読者には傾向が理解できない。

〔良い例〕

　図 1 より、65 歳以上の一人暮らし高齢者が男女ともに増加していることがわかる。昭和 55
年には男性約 19 万人、女性約 69 万人、高齢者人口に占める割合は男性 4.3 ％、女性 11.2 ％で
あったが、平成 27 年には男性約 190 万人、女性約 400 万人、高齢者人口に占める割合は男性
13.3 ％、女性 21.1 ％となっている。また、一人暮らしの高齢者は、今後さらに増加することが
予測されている。

練習問題11.1　図2を簡潔に要約しなさい。

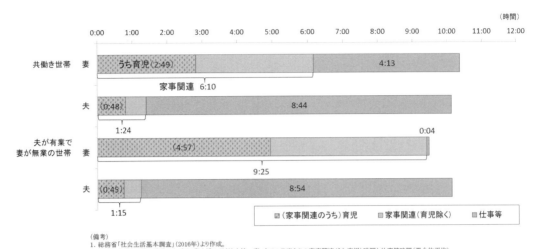

図2　6歳未満の子どもを持つ妻・夫の家事関連（うち育児）時間、仕事等時間（週全体）

出典：内閣府男女共同参画局『『平成28年社会生活基本調査』の結果から ～男性の育児・家事関連時間～』、2017年10月

11.3　図表の使い方

レポートの中に図表を適切に組み込むことで読者の理解を助けることができる。その際には以下の①～⑤に注意したい。

---

① 図表の利用は必要最小限にとどめる

図表を不必要に多く入れないようにしたい。また、文章によって十分に説明できる事柄を、重ねて表や図に示さないようにしよう。

② 単位や縦軸横軸の意味を明示する

数値の単位は何か、グラフの縦軸や横軸が何を表しているのかを明確に示そう。

③ 図表に番号と題名をつける

図ごと表ごとに番号と題名をつけよう。その際には「図1→ 図2→ 図3」「表1→ 表2→ 表3」のように、図は図で、表は表で通し番号をつける。題名は図表が示すことを簡潔に示そう。図表の番号とタイトルは、図の場合は図の下部に、表の場合は表の上部につける。

④ 図表の出典を明示する

他の資料から図表を引用する場合は、その出典を図表の下部に記す。また、他の資料をもとにして独自に図表を作成する場合は「～をもとに作成」と記す。

⑤ **本文中で図表に言及する**

図表が何を表すのか、図表から何が言えるのかについて、本文中で必ず言及しよう。図表で説明を終えないように注意したい。

〔例〕

表 1 は○○を表す。ここからは××がわかる。

○○は 10 年間で 2 倍に増えている（図 1）。

〔図の例〕

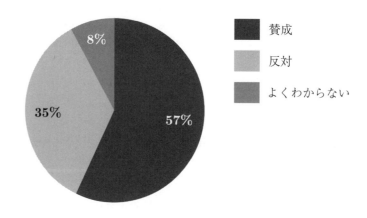

図 3　A 法案への賛否

出典：『立読新聞』○年○月○日　朝刊　○面

〔表の例〕

表 1　A 大学学生の学部別一日平均読書時間の変化（単位　分）

	2000 年	2015 年
法学部	62	40
経済学部	56	42
文学部	83	33
理学部	71	54
工学部	46	39

A 大学図書館ホームページ「学生の読書時間」をもとに作成

12 アウトライン

12.1 アウトライン（構成メモ）とは

　「アウトライン（構成メモ）」とは、どの問題・話題について、どのような順序で、どのようなことを述べる（主張する）のかという構成を、簡潔にまとめて示した、文章の流れの概略を指す。すでにこれまでの章でも確認した通り、レポートでは、論理的な説明と一貫した主張が求められる。これを実現するためには、あらかじめアウトラインを作成し、適切な順序で無駄や不足や矛盾のない構成を立てた上でレポートを執筆することが必要となる。アウトラインを作成するのを面倒に感じることもあるかもしれないが、実際に書きながら考えてしまうと、構成が成立しなかったり、根拠の提示の仕方が錯綜してしまったりと、全体として一貫性のないレポートになってしまう可能性が高い。よいレポートを作成するためには、アウトライン作成という準備が欠かせない。

12.2 アウトラインの作り方

　アウトラインを作成する際には、**テーマや文章構成の型**、さらに、**各章各節の見出しと各段落の中心文（＝トピックセンテンス）を示しておく**ことが必要になる。その際には、各章・各節・各段落の役割を明確にしておくことを意識しよう。また、作成しながら、論の一貫性や整合性も確認しておこう。

　順番としては、大まかな流れを決定してから、章、節、段落の内容の決定へと細部に進んでいくのがよいだろう。

アウトライン作成の手順

【手順1】仮の章立てを設定する。仮説や調査のポイントを疑問文にしてメモをすると、調査の方針が明確になる。

【手順2】手順1で立てた方針にしたがって調査を行い、章立てを決定する。

【手順3】手順2を踏まえて資料を分析し、**各章・各節の要点**を決定する。

【手順4】各章・各節の構成と、各段落の中心文（トピックセンテンス）を決定する。その際、単なる引用（実例提示）ではなく分析結果を提示する必要がある。

〔仮の章立ての例〕【手順 1】

テーマ：空き家問題の現状と対策

1. はじめに

- 背景　　　仮説 空き家が増えているのではないか。

　　　　　　仮説 空き家の増加によって問題が生じているのではないか。

- 目的　　　疑問 空き家問題を解決するためには何が必要か。

2. 空き家問題の現状

　　　疑問 空き家はどれぐらい増えているのか。地域による違いはあるのか。

　　　仮説 過疎化が進む地方で増えているのではないか。

3. 空き家が増加する原因

　　　仮説 高齢化や過疎化が原因ではないか。

4. 空き家対策

　　　疑問 すでに空き家問題の対策が行われているのではないか。

　　　　　対策には限界があるかもしれない。どうすればいいか。

5. 結論

　以上は、あくまでも仮の章立てである。当然のことながら、調査によって仮説が否定されることもある。また、論の流れを修正しなければならないこともある。

〔章立ての例〕【手順 2】

テーマ：空き家問題の現状と対策

1. はじめに

- 背景　　　全国で空き家が増えている。→（総務省のデータ）

　　　　　　そのなかでも、売却用でも賃貸用でもなく、利用されていない空き家の増加が問題視されている。これを空き家問題という。

- 目的　　　空き家問題が生じている原因は何か。空き家問題を解決するためには何が必要か。

2. 空き家問題の現状と原因

　　　2.1. 空き家問題の原因

　　　2.2. 空き家問題の現状

3. 空き家対策と課題

　　　3.1. 空き家対策の現状

　　　3.2. 空き家対策の課題

4. 結論

〔**各章・各節の要点を決定する**〕【**手順3**】

テーマ：空き家問題の現状と対策

1. はじめに

- 背景　　全国で空き家が増えている。→（総務省のデータ）

　　　　　そのなかでも、売却用でも賃貸用でもなく、利用されていない空き家の増加が
　　　　　問題視されている。これを空き家問題という。

- 目的　　空き家問題が生じている原因は何か。空き家問題を解決するためには何が必要
　　　　　か。

2. 空き家問題の現状と原因

　　2.1. 空き家問題の原因

　　　　高齢化が原因である。高齢者の転居、所有者の死去などによって空き家が生じる。
　　　　空き家の撤去には費用がかかる。

　　2.2. 空き家問題の現状

　　　　空き家の増加によって、地域の活力が低下する。火災や倒壊などの問題も生じる。

3. 空き家対策と課題

　　3.1. 空き家対策の現状

　　　　空き家特別対策特別措置法が制定され、行政指導が行われている。
　　　　自治体では、撤去費用の補助をしている。
　　　　空き家バンクでは、空き家の有効活用を行っている。

　　3.2. 空き家対策の課題

　　　　現在行われている空き家対策に対する認知度は高くない。
　　　　したがって、空き家問題対策の認知度を高める必要がある。

4. 結論

　　　　高齢化によって空き家問題は深刻化している。現在国や自治体などが対策を講じている
　　　　が、その認知度は高くない。地域の活力を保ち、安全を維持するためにも、空き家問題
　　　　対策の認知度をより高めていく必要がある。

〔各章・各節の構成と、各段落の中心文（トピックセンテンス）の決定〕【手順 4】

テーマ：空き家問題の現状と対策

1. はじめに

- 背景　全国で空き家が増えている。→（総務省のデータ）

そのなかでも、売却用でも賃貸用でもなく、利用されていない空き家の増加が問題視されている。これを空き家問題という。

- 目的　空き家問題が生じている原因は何か。空き家問題を解決するためには何が必要か。

2. 空き家問題の原因と現状

2.1. 空き家問題の原因

- 空き家問題が生じている原因として高齢化が挙げられる。
- 家の所有者が高齢者である場合、施設への転居などによって空き家が生じる。
→（文献 A　　文献 B）
- 家の所有者である高齢者の死去などによって空き家が生じる。
→（文献 A　　文献 C）
- 空き家の撤去には費用がかかる。そのため、撤去をしないまま放置される空き家がある。
→（文献 D）

2.2. 空き家問題の現状

- 空き家の増加によって、地域の活力が低下する。火災や倒壊などの問題も生じる。
- 空き家の増加は、地域の活性化を妨げる。
→（文献 E）
- 空き家の存在は地域住民の安全を脅かす。
→（文献 E　　文献 F）
- 地域の活力を保ち、安全を守るためにも空き家問題対策が不可欠である。

3. 空き家対策と課題

3.1. 空き家対策の現状

- 国や自治体は空き家問題の対策を行っている。
- 空き家特別対策特別措置法が制定され、行政指導が行われている。
→（国土交通省のデータ）
- 自治体では、撤去費用の補助をしている。
→（○○市、△△市のデータ）

- 空き家バンクでは、空き家の有効活用を行っている。

→（〇〇市、△△市のデータ）

3.2. 空き家対策の課題

- 国や自治体では対策を行っているものの、空き家問題は解消していない。その原因はどこにあるのか。
- 現在行われている空き家対策に対する認知度は高くない。

→（文献G）

- したがって、空き家問題対策の認知度を高める必要がある。

4. 結論

高齢化によって空き家問題は深刻化している。現在国や自治体などが対策を講じているが、その認知度は高くない。地域の活力を保ち、安全を維持するためにも、空き家問題対策の認知度をより高めていく必要がある。

アウトラインが完成したら、論の展開に飛躍や矛盾がないか、全体として一貫性が保たれているのかを改めて確認しよう。

12.3 題名と小題

(a) レポートの題名

レポートの題名は、レポートの内容を簡潔かつ十分に伝えるものでなくてはならない。その際、「何について」「どのような点に注目し」「何を明らかにするのか」を明示するよう心がけよう。

練習問題12.1 以下の①から⑤のうち、レポートの題名として適切なものをすべて選びなさい。

① 地球温暖化について

② 日本の産科医療について

③ 夏目漱石『こころ』について

④ 1990年代ビジュアル系J-POPの歌詞に見られる、愛情表現の特質

⑤ 日本の大学における学生の図書館利用状況、および今後の課題

(b) 小題のつけ方

第5章で解説したように、レポートは複数の章からなる。章ごとに小題をつけることでレポートの各部における要点がわかりやすくなる。具体的には、以下の①〜④に注意しよう。

---

① 小題は、各章の要点がわかるよう簡潔に記す（1 行以内）。

② 各章の小題の上は 1 行空けることが多い。

③ 小題はフォントや字の太さを変えて強調する。

④ 段落ごとに小題をつける必要はない。

〔レポートにおける題名と小題の例〕

××演習 I レポート・水曜日 3 講（山本薫先生）

配偶者控除廃止のメリットと課題

学籍番号○○○　△学科　　氏名

1. はじめに

　配偶者控除とは、専業主婦世帯をはじめとする配偶者が無業の世帯への課税所得を圧縮して、所得税と個人住民税の負担を軽減する仕組みである。この仕組みに対しては、配偶者が無業の世帯と有業の世帯とで利害が対立しており、廃止すべきであるという意見と存続すべきであるという意見とがある。以上の背景より、本稿では配偶者控除の廃止が与える家庭への影響を踏まえて、配偶者が無業の世帯も有業の世帯も不利益を被らないようにするためにはどのような税制が必要とされるのかについて考察する。本稿の展開は以下の通りである。2 章では、配偶者控除を廃止することによるメリットとデメリットについて、新聞各紙の記事を比較検討することによって考察する。3 章では、配偶者控除廃止にあたって検討すべき課題について、主に低所得層が抱える問題を中心に考察する。以上を踏まえて、女性の社会進出を妨げずかつ所得による不平等のない控除のあり方について考察する。

2. 配偶者控除を廃止することによるメリット

　配偶者控除を廃止することによるメリットとして、税収の増加と女性の社会参加の推進による社会の活性化が挙げられる。（以下略）

参考 ｜ 実験レポートの構成

実験レポートでは「目的」「方法」「結果」「考察」という構成が一般的である。この場合、「結果」では実験結果のみを記す。「考察」では、結果から言えることや考えられること、今後の課題や展望などを記す。

13 校　正

13.1　校正の意義

　論文やレポートが完成したからといってすぐには提出せず、一日や一晩、時間をあけた上で再度、全体をチェックする癖をつけておこう。これを「校正」と呼ぶ。

　そもそも執筆している際に、その内容から構成、形式に至るまで常に注意を払い、ミスなく進められる人は少ない。そのミスが一つの誤字程度であれば、大きな問題にはならないかもしれないが（もちろん、そうだとしてもあってはならないことだが）、レポート課題の指示に直結するようなミスならば、評価の対象から外れてしまうこともある。レポートで重要なのは提出自体ではなく、その内容が課題の指示に答えたものなのか、その内容が根拠に基づいて論理的に示されているか、などである。以下に示すチェックポイントを参考に、レポート全体の完成度を高めておこう。なお、その際にはできればプリントアウトしたものを用いよう。ちなみに余裕があるならば、第三者に目を通してもらうと、自分では気づかなかったミスや論理展開の不備が見つかりやすい。

　ところで、近年はオンラインでレポートを提出する機会が増えているため、それに関する注意点もここで記載しておこう。オンライン提出の際に起こりがちなミスとして、まず挙げられるのが「提出先を間違える」ことだ。講義科目によって、どのような形で提出するかは異なるために提出方法を間違えてしまったり、別科目のそれと混同してしまったりする場合がある。こうしたミスを防ぐためにも、レポートファイル名には科目名を記載しておくとよい。なお、下記のチェックリストにも記載したが、レポートファイル名は「番号・氏名・科目名」としておくことが望ましい。

　起こりがちなミスとして次に挙げられるのが、「提出したつもりが、未提出となる」だ。たとえば、使用している機器や通信環境の状況によっては、メールが送信されていなかったり、提出の操作が完了していなかったりすることがある。必ず、提出されたかどうかを確認する癖をつけておきたい。また、提出の際にレポートファイルの共有リンクを送信してくる学生がいたりもするが、特別な指示がないかぎり、それは行うべきではないので注意しよう。

　もう一点、オンライン提出で注意しておく点を挙げるならば、提出期限である。科目によっては、期限が「17時」となっていたり、「24時」となっていたりするので、別科目の提出期限も含め混同しないようにしたい。さらに、通信環境さえ整っていれば、自宅やそれ以外の場所からでも提出できるということがオンライン提出のメリットだが、不測の事態によって、しばらく通信ができなくなることもよくある。こうした事態によって提出できなかったとしても、大規模な停

電などの特別な場合を除いて、遅れての提出が認められることは少ない。提出は期限間際ではなく、余裕を持って行うようにしてほしい。

13.2　チェックポイント

☐ 表紙を作成し、適切な事項を記しているか（科目や教員によって異なるが、多くの場合は「担当教員名、科目名、レポートタイトル、自身の氏名・番号・所属学部学科」などが必要である。サンプルも参照のこと）

☐ 複数枚の場合、ホッチキス留めをしているか

☐ ページの抜けや印刷ミスはないか

☐ メール提出の場合、ファイルに適切な名前をつけているか

☐ 提出期限、提出場所を間違えていないか（指示があればそれに従うべきだが、多くの場合は「番号、氏名、科目名」などをファイル名に入れておくとよい）

☐ 字のフォントや大きさは統一されているか／指示されたものとなっているか

☐ ページ数を記しているか

☐ レポート課題の指示を満たしているか（書式、字数など）

☐ 見出し番号などが正確か

☐ 注番号や図表番号が正確か

☐ 表記は統一されているか（例として、「例えば」と「たとえば」が混在しているものは表記の不統一となる）

☐ 誤字脱字、漢字等の変換ミス、文法上のミス（「てにをは」の間違い、主語と述語の未対応など）がないか

☐ 各段落の冒頭で一字下げを行っているか

☐ 引用箇所で引用のルールを守っているか

☐ 媒体の種類に応じた出典を明示しているか

☐ 課題のテーマや指示からずれた内容になっていないか

☐ 序論から結論まで、論旨が一貫しているか

☐ 結論（自身の主張）が「事実」に基づいた根拠から導かれているか

〔レポート表紙サンプル〕

科目名・開講曜日・時限 担当教員名   レポートタイトル   学部学科 学籍番号 氏　　名 提出日時

※レポートタイトルに関しては、本書第 12 章 (p.59) も参照のこと。また、レポート表紙に記載するべき情報について、担当教員から指示される場合もあるため、科目ごとに確認をしておく必要がある。

付　　録

A． 論文・レポートの文章

A.1 常体と敬体

　日本語の文体には常体と敬体の 2 種類がある。文章の種類や場面に合わせて適切な文体を使用することが求められる。また、一つの文書内で常体と敬体を混ぜて使ってはならない。

> ① **常体（だ・である体）**
> 「です」「ます」などの丁寧語を用いない形。主に論文やレポートなどで用いられる。
> ② **敬体（です・ます体）**
> 「です」「ます」などの丁寧語を用いる形。主に手紙やエントリーシートなどで用いられる。

〔悪い例〕

今年の冬は雪が多く降った。その影響で、公共交通機関が何度も止まりました。

↓

〔修正例 1〕常体で統一した場合。

今年の冬は雪が多く降った。その影響で、公共交通機関が何度も止まった。

〔修正例 2〕敬体で統一した場合。

今年の冬は雪が多く降りました。その影響で、公共交通機関が何度も止まりました。

A.2 話し言葉と書き言葉

　日常会話で使っている言葉でも、文章を書く際には別の言葉に置き換えなければならない表現がある。書き言葉の表現に慣れるようにしよう。

> **書き言葉の主な注意点**
>
> ① 「してる」「じゃない」など、省略・短縮した言葉は使わない
>
> ×両者は連動してると考えられる。　→　○両者は連動していると考えられる。

② 「ね」「よ」「な（あ）」などの終助詞は使わない

　　×データが足りない<u>な</u>と考えた。　→　○データが<u>足りない</u>と考えた。

③ 「ら抜き」言葉は使わない

　　×このキノコは<u>食べれる</u>。　→　○このキノコは<u>食べられる</u>。

④ 擬音語や擬声語は使わない

　　×数値が<u>ぐんぐん</u>上がっていった。　→　○数値が<u>急激に</u>上がっていった。

〔書き言葉では言い換えが必要な表現〕

×なので・だから	→	○そのため／したがって／よって
×すごく	→	○非常に／大変
×ちょっと	→	○少々／やや
×いろいろな	→	○様々な／多様な
×たくさん	→	○多い／大量に
×〜とか	→	○〜や／〜など
×けど・でも	→	○しかし／だが

　言い換えが必要な言葉はこれ以外にもあるので、小まめに辞書を引き、書き言葉として使えるのかどうかを確認する必要がある。

A.3　表記法

形式名詞・補助語・付属語は、原則として平仮名で書く。

伝えるべき<u>こと</u>がある。	×事
次に会う<u>とき</u>に話そう。	×時
人生とはそういう<u>もの</u>だ。	×物
事故の<u>ため</u>に、列車が遅れた。	×為
学生と<u>いう</u>身分。	×言う
大きな問題が<u>ある</u>。	×有る

A.4 アカデミックワード

論文・レポートの文章では、通常の書き言葉よりもさらに堅い表現を使うことがある。論文・レポート独特の表現をアカデミックワードという。その表現や言い回しに慣れるようにしよう。

論文・レポートの文章の注意点

① 体言止めは使わない

× 注目すべきは身体の使い方。 → ○ 注目すべきは身体の使い方である。

② 倒置法は使わない

× これが目的だった、当初は。 → ○ 当初はこれが目的だった。

③ 原則として外来語以外はカタカナ表記をしない

× 小さな段差であっても、車イスでは通りづらい。 → ○ 車椅子

④ 引用以外の「 」を多用しない（出典を示す際は除く）

× 親は、子どもに対して「甘えていいんだよ」という態度で接するべきである。
○ 親は、子どもが十分に甘えられるような態度で接するべきである。

⑤ 常体の文章では、原則として敬語・敬称を用いない。

× 高齢者の方や障がい者の方が暮らしやすい街にする必要がある。
× 田中花子さんは著書『蟹の食べ方』（クラブ書房、2001）で「蟹スプーンの発明で……」

⑥ 「たり」は原則として、並列の形で用いる。その際、「たり」を重ねて用いること。

× 問題を発見したり疑問を持つことによって、学生としての能力は向上していく。
○ 問題を発見したり疑問を持ったりすることによって、学生としての能力は向上していく。

⑦ レポートでは、「思う」「考える」「……てほしい」などの主観的な表現を避ける。

× 朝食をとらない小学生は、学力が低くなる傾向にある。したがって、朝食をとるように指導することが必要だと思う。

- 提案

　「～必要である」「～が必要とされる」「～が求められる」

- 推論、仮説

　「～と思われる」「～と考えられる」「～予想される」「～期待できる」など

　× 英語教員の研修機会を増やすことで、中高生の英語力が向上すると思う。
　× 英語教員の研修機会を増やすことで、中高生の英語力が向上すると考える。

> ○英語教員の研修機会を増やすことで、中高生の英語力が向上するものと思われる。

⑧ **原則として一人称「私」を用いない。**

論文・レポートでは書き手の主語は明示しない方がよいが、明示する必要のある場合は「筆者」「論者」を用いる。

> ×私は、18歳を成人とみなすことには反対である。
>
> ○成人する年齢を18歳に引き下げるべきではない。
>
> ×私は、2018年1月から3月の『北海道新聞』朝刊をサンプルにして……を調査した。
>
> ○筆者は、2018年1月から3月の『北海道新聞』朝刊をサンプルにして……を調査した。

⑨ **以下の表現は、幼い印象を与えるので用いてはならない。**

> ×なぜ……かというと……　　　×どうして……かというと……

> ☆理由を示す際の適切な表現
>
> Aである。したがって（それゆえ、そのため）、Bである。
>
> Bである。なぜならAからである。

> ※上の2例はともにAが理由

⑩ **句点（。）は文が完結したところで打つ。**

> ×人間は考える葦である。とパスカルが言うように……
>
> ×格差があるのはやむを得ない。という指摘がしばしばなされるが……
>
> ×山田が「生命とは環境に適応するものである」。と述べるように……

⑪ **第三者に判断を委ねるような書き方をしてはならない。**

> ×現在の日本において求められることは、格差の是正ではないだろうか。
>
> ○現在の日本において求められることは、格差の是正である。

⑫ **意味があいまいな表現を用いてはならない。**

> ×かつては婚外子に対する法的な差別が存在したが、近年は改善されつつある。
>
> ×昨今、テロリストによる事件をしばしば耳にする。
>
> ×中国や韓国に対する偏見を正すために私たちがすべきことは、正しい情報の入手である。

〔論文・レポート特有の表現の例〕（これ以外の言葉もあるのでその都度確認しよう）

この論文（レポート）	→	本稿
前で書いた	→	前述
後で書く	→	後述
これまでの研究	→	先行研究
ざっと見る	→	概観する

練習問題 1.1　次の各文を論文・レポートにふさわしい文体、表現に直しなさい。

(1)　現代日本のヒーロー像については、後で言います。

(2)　この節では、これまでの研究をざっと見ます。

(3)　調査の結果は事前の想定とちょっと違っていました。

(4)　少数意見への目配りはすごく重要である。

(5)　この結果からは言える、これまでの研究が誤りであったと。

(6)　回答はスマートフォンとかパソコンなどから入力してもらった。

(7)　この問題についての先行研究は存在しない。なので、この論文は初めてのテーマを扱っていることになります。

(8)　昨年の調査結果と今年の調査結果を比べると、電子書籍を利用する人の割合が5％上がっていることがわかりました。でも、電子書籍の売り上げは下がっています。

B. 解釈の限定

B.1 解釈の限定

　複数の意味に解釈できてしまう文（あいまいな文）を書いてしまうと、正しい意味が読み手に伝わらないことがある。たとえば、「そのイベントには 100 名の一般市民とスタッフが参加した」という文は、一般市民が 100 名である（スタッフの数は不明）とも解釈できるが、一般市民とスタッフの合計が 100 名であるとも解釈でき、読み手によって伝わるメッセージが違ってしまう恐れがある。論文・レポートの文章では、情報を正しく伝えることが重視されるため、あいまいな文にならないよう注意を払うようにしよう。

練習問題 2.1　次の各文は複数の意味に解釈される恐れがある。どのような解釈が可能か考えてみよう。

(1) A 氏と同じような体力のない人は、実験に参加すべきではない。

(2) 前節では先行研究をすべて紹介することができなかった。

(3) この評論は小説の冒頭のみを分析しただけで小説全体の構成について論じているわけではない。

(4) 大きな移植医療における問題は、まだドナー登録をしている人が少ないことである。

(5) 山田太郎は現在のテレビ番組でカタカナ語が多用されていることを批判しているが、筆者はそれが当然であると考える。

(6) 日本が開発した飛行機を安全に運行するためのシステムが欧州の航空機メーカーに導入された。

C. 文の対応

C.1 文の対応

　文の対応が適切でない場合、意味が読み取れなくなってしまう場合がある。主語と述語や修飾語と被修飾語の対応、文の要素の並列関係などに留意し、適切な文を書くようにしよう。なお、文法的なミスを減らすために最も効果的なのは、一文を短くすることである（短くするやり方については次章参照）。文を短くすると（一文は長くても 50 字以内におさめるようにしてみよう）、文法的な構造がシンプルになり、ミスが起こりにくくなる。反対に、複数の内容を一つの文に詰めこみ、文を長くしてしまうと、それだけミスが発生する確率が上がることになる。

文法の基礎

① 主語・述語の関係

〔例〕

※ **主語と述語は対応する**（主語と述語だけで最低限の意味をなす）

② 修飾・被修飾の関係

修飾語……後に続く語を詳しく説明する。後に続く語の意味を限定する。

被修飾語……修飾語によって詳しく説明されたり意味を限定されたりする言葉。

〔例〕

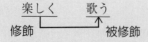

※ 「青い」は「空」という名詞（体言）を修飾する**連体修飾語**である。

〔例〕

楽しく　　歌う
修飾　　　　　被修飾

※ 「楽しく」は「歌う」という用言（動詞・形容詞・形容動詞）を修飾する**連用修飾語**である。

練習問題 3.1 次の各文は文の対応にミスが発生しているものである。それぞれ、適切な文に書き直しなさい。

(1) 学生に必要なことは、自らの考えを明確に持つことが求められる。

(2) 山田が英語教師を志した理由は、高校 3 年生のときの留学体験がきっかけである。

(3) 先行研究の問題は、アンケートの対象者が偏っていることとサンプル数が少ない点が問題である。

(4) 誰も挑戦したことのない企画は、最終的な利益がどうなるかということは実行してみなければわからない。

(5) 情報技術の進展は情報収集が容易になり、グローバルな視点で物事を考えることを可能にした。

(6) 締め切りまでに余裕をもってレポートを完成させるためには、先行研究の調査や構成を練る時間を的確に見積もることが大切である。

(7) 本稿では主権者教育の有効性について検証し、主権者教育に課題があることが明らかになることが目的である。

D． 文の長さ

D.1 文の長さ

　一文が長くなると読みにくくなってしまう。また、複数の要素を一つの文に入れ込むことになるので、文法や表現のミスも起こりやすくなる。意味のまとまりを意識し、適切な長さで文を分けるようにしよう。

〔悪い例〕

> 　小中学校における道徳の教科化について教育現場は、子どもに健全な精神と公共に奉仕する意識を育てるという賛成意見と、国や教育現場が子どもに対して特定の価値観を押しつけ、偏狭なナショナリズムにつながる恐れがあるという二つの意見が交わされ、教育現場で議論が続いている。(130字)

　この文は一つの文に複数の内容を盛り込んでしまったため、一文が長くなって文法的なミス（主語と述語が対応していない）が発生している。一つの文で説明することは一つに留め、シンプルな構造の文章になるように調整しよう。その際、一文の長さは50字程度までとするのがよい。

【対処法その1】　内容のまとまりごとに文を切り、指示語や接続語を用いてつなぐ。
〔修正例1〕

> 　小中学校における道徳の教科化について教育現場には、健全な精神と公共に奉仕する意識が育つという賛成意見がある。一方で、道徳の教科化は国や教育現場が子どもに対して特定の価値観を押しつけ、偏狭なナショナリズムにつながる恐れがあるという意見もある。このように、教科化の是非について教育現場では議論が続いている。

【対処法その2】　伝えるべき内容を整理し、短い文にする。その上で、順番を入れ換える（多少表現を改めてもよい）。

例題 例文で書かれている内容を整理しよう

① 賛成意見：小中学校における道徳の教科化に対しては、健全な精神と公共に奉仕する意識が育つ。

② 反対意見：道徳の教科化は国や教育現場が子どもに対して特定の価値観を押しつけ、偏狭なナショナリズムにつながりかねない。

③ 教科化の是非について教育現場では議論が続いている。

〔修正例 2〕

　小中学校における道徳の教科化の是非について、教育現場では議論が続いている。賛成意見としては、教科化によって、健全な精神と公共に奉仕する意識が育つというものがある。一方、反対意見としては、国や教育現場が子どもに対して特定の価値観を押しつけ、偏狭なナショナリズムにつながりかねないというものがある。

練習問題 4.1 次の各文について、適切な長さで文を分けて書き直せ。

(1)　1995 年にインターネット接続機能を搭載した基本ソフト Windows 95 が発売されてから、一般にもインターネットが普及し、いまや日常生活に欠かせない社会基盤となっており、最近では電子決済サービスなどにも使われているが、災害などの突発的な事象によって通信が遮断された場合にはそれらのサービスも停止するという問題が起きており、インターネットを基盤とするサービスにとってはその安定的な運用が求められている。

(2)　本節では電子書籍のメリットについて述べるが、電子書籍とは書籍や雑誌などのデータをダウンロードし、スマートフォンやタブレット端末、PC などの画面に表示させて読むものであり、文字のサイズやレイアウトが固定されている紙の本とは違い、一つには読者の側で文字を拡大したりレイアウトを変更したりすることができ、また、大量の本を買っても本棚などの収納スペースを必要としないというメリットがある。

(3)　　少子高齢化が進む現代の日本において、国や地方自治体の政策にどのようにして二十代以下の有権者の意見を反映させるかというのは喫緊の課題であるが、その背景には、人口の構成が著しく偏り、高年齢層の割合が高いために、高年齢層の意見が選挙などでは反映されやすいことが指摘でき、2016 年から施行された選挙権年齢の 20 歳から 18 歳への引き下げはこの問題の是正を目的の一つとしていると考えられる。

(4)　　PC が普及する以前は、大学のレポートは手書きのものを提出することが一般的であり、卒業論文などの学位論文ではさらにそれを簡易製本して提出することが求められることもあり、レポートや論文の制作作業においては、手書きによる清書や製本にかかる時間を加味しながら締め切りまでのスケジュールを管理する必要があった。

著 者

井上 貴翔（いのうえ きしょう）　北海道医療大学 教員

田代 早矢人（たしろ はやと）　北星学園大学ほか 非常勤講師

寺山 千紗都（てらやま ちさと）　千歳科学技術大学ほか 非常勤講師

諸岡 卓真（もろおか たくま）　北星学園大学 教員

大学生のための論文・レポート作成法
—アカデミックライティングの基本を学ぶ—

2019 年 4 月 10 日	第 1 版	第 1 刷	発行
2020 年 3 月 30 日	第 1 版	第 2 刷	発行
2020 年 12 月 30 日	第 2 版	第 1 刷	発行
2022 年 3 月 10 日	第 2 版	第 3 刷	発行
2024 年 3 月 10 日	改訂版	第 1 刷	印刷
2024 年 3 月 30 日	改訂版	第 1 刷	発行

著　者　　井 上 貴 翔
　　　　　田 代 早 矢 人
　　　　　寺 山 千 紗 都
　　　　　諸 岡 卓 真
発 行 者　　発 田 和 子
発 行 所　　株式会社　学術図書出版社

〒113-0033　東京都文京区本郷 5 丁目 4 の 6
TEL 03-3811-0889　　振替 00110-4-28454
印刷 三和印刷 (株)